家外的家

十三位孩子回家的故事

香港學生輔助會

目 錄

序一

二零一七年是香港學生輔助會成立六十周年的大日子，出版《家外的家——十三位孩子回家的故事》是為了記錄和回顧我們對「一切為了孩子」的實踐。

香港學生輔助會以照顧未能得到正常家庭照顧的孩子為己任。每個孩子背後都有一個獨特的故事，我們的工作不是取代他們的家人，而是就每個孩子的情況，希望他們得到與其他孩子一樣的照顧及成長的經歷，這工作一點都不容易，但卻留下了許多令人難以忘懷的點滴。

一位兒童之家的「家長」告訴我一個小故事：一名七八歲時曾在她家舍住過幾年的少年，因犯罪被捕而遭起訴，這孩子的家庭背景極為複雜，開始時在家舍很頑皮，但逐漸也適應了家舍的生活。由於「家長」沒把他的頑劣看成大逆不道，這孩子反而慢慢體會到「家長」及其他人的照顧和關懷，可惜的是過了幾年他被家人接走，然後再過幾年便犯罪被捕了。「家長」為他寫了求情信，主要提到他在家舍生活的點滴，說明他其實和其他孩子無異，本質是天真善良的，當這些內容在法庭由求情的律師讀出時，他忍不住痛哭，最後法官輕判了他，還叮囑他以後要緊記自己在庭上痛哭時的心情，以後不要再犯事了。

二零零三年我開始在香港學生輔助會當義工，為了多了解院舍的運作，我有兩個晚上留在院舍，與工作人員一起值通宵更。其中一個晚上，幾名宿生發生衝突，一名激動的宿生拿著剪刀和其他人對峙，院舍的導師和工作人員有條不紊地處理，記錄事件及討論後續的輔導工作。事情結束後，我詢問詳情，他們說這是日常工作而已。

是的，這是我們的工作。我們不知道孩子最終走出一條怎樣的路，我們能做的，只是盡力在陪伴孩子時，讓他們得到適當的照顧，正常地生活，感受正面的價值觀，讓他們在未來的人生路上，作出正面積極的選擇。

書中十三個故事既是祝福、勉勵，亦是期許，期許同工和孩子，繼續努力，因為我們不是家人，但勝似家人。

黃熾森
香港學生輔助會
執行委員會主席

序二

欣逢本會甲子慶典，為隆重其事，特意出版《家外的家
——十三位孩子回家的故事》一書，讓廣大讀者進一步了
解本會的工作，以及明白院舍服務對社會所作的貢獻。

上世紀五十年代，本會創辦人戴大偉先生（Mr. David
Taylor）憑著一腔熱誠，開設「調景嶺學生輔助社」，照顧
貧苦無依的兒童及青少年，至今已逾半個世紀。本會至今
秉承戴先生「一切為了孩子」的精神，為社會上有需要的孩
童提供住宿服務。我們深信，教養孩童，為孩子建立美好
的成長經歷，使他走當行的道，可使他畢生受用，連帶整
個社會也將因此而獲益。

書中透過十三個真實個案，道出本會的住宿照顧服務，如
何協助孩子成長。兒童及青少年在成長階段所經歷的一
切，無論是物質上的衣食物品，以至精神上價值判斷、倫
理觀念等，都受周遭環境所影響。書中各位主人翁，成長
路上崎嶇顛簸，但在得到真摯的關懷與適切的輔導後，他
們大都能夠跨越障礙，茁壯成長。

建設美好社會，凝聚家庭力量，讓父母具備栽培子女成才
的機會與條件，是本會所期盼的，也是培育孩子健康愉快

地成長的良方。我在此期盼社會大眾都能明白及支持本會的工作，攜手
與我們輔助兒童成長，培育他們成為社會未來的棟樑。

高漢明

香港學生輔助會

六十周年慶典籌委會主席

機構介紹

香港學生輔助會為一基督教團體，前身為「調景嶺學生輔助社」。一九五七年，受著基督愛人如己精神的感召，本會創辦人戴大偉先生（Mr. David Taylor）開始向調景嶺地區貧苦無依的孩子提供食物及住宿。他的善舉迅即取得一群虔誠基督徒的支持，全力給予援手，發動本地及海外的捐獻行動。本會就是在資源極為貧乏的情況下，開始服務有需要的兒童及青少年。

香港學生輔助會為一間非政府機構的團體，致力為有需要之兒童及青少年，提供專業的兒童住宿照顧、教育及社區支援服務。

兒童住宿照顧服務是我們的核心服務，是本港主要提供兒童及青少年住宿照顧服務的機構之一，服務名額佔全港約百分之十。目前，我們開設有三間兒童及專為男童而設的院舍、七間兒童之家以及寄養服務。我們同時開辦有幼稚園暨幼兒中心、主流小學及群育學校。我們服務及教養的孩子，大多因缺乏家庭合適照顧而受困苦，因此，我們致力透過適當的生活教育及支援，讓他們得到關懷與愛護，發展潛能，健康快樂地成長。

因應社會需要，特別是天水圍區發展初期的家庭暴力與虐兒情況令人關注，我們亦將服務拓展至天水圍，開設有「天水圍家庭效能發展計劃」，提供家庭支援的工作，以達致預防家庭暴力的目標。

「一切為了孩子」是我們一直秉持的信念，我們將繼續關注兒童及青少年成長的工作，未來香港學生輔助會的重點發展項目有東灣莫羅瑞華學校及石壁宿舍重置及荷蘭宿舍原址重建。各項工作都需要政府及公眾的支持和幫助，讓我們未來服務更多有需要的人。

單位介紹

1. 馬可紀念之家

原位於調景嶺的馬可紀念之家成立於一九六零年，為本會正式創辦的第一所兒童院舍。後因政府重新發展調景嶺地區，遂於一九九三年遷至將軍澳景林邨。馬可紀念之家現可容納男女童共六十四名，年齡為六至二十一歲，主要因缺乏家庭照顧或沒法被家庭好好管教的男女童，當中有部分為受虐兒童。本院除提供日常起居照顧外，更幫助他們在品格、情緒、行為及學業上獲得良好發展，使之能獨立和自我照顧，在情況許可下早日重返家庭生活。

2. 荷蘭宿舍

荷蘭宿舍成立於一九六七年，為缺乏家庭照顧的男生提供「學青住宿服務」，其後更拓展服務範疇，以配合不同背景青少年的需要，包括「在職青年住宿服務」，為有需要在職的青少年提供過渡性住宿服務。後來的「急援照顧服務」，為正處危機或家庭發生突變，而急需住宿服務的青少年，提供短暫的住宿服務。另外也設立了一個「深宵流連青少年支援中心」，提供暫宿及輔導服務。「離院支援服務」為離院宿生提供所需支援。宿舍可容納九十七名男生，年齡為十一至二十一歲。希望透過不同形式的活動和輔導工作，建立青少年自我照顧能力、提升他們的自信心和人際關係技巧；積極地面對其個人或家庭的困擾，並使青少年能懷著自信及能力離開宿舍，重投家庭生活或過獨立生活，並能積極面對未來。

3. 石壁宿舍

位於大嶼山石壁水塘附近，成立於一九六五年，為一所專長於照顧有特殊行為及情緒障礙兒童的宿舍，為他們提供住宿照顧、教育和輔導服務，協助他們解決行為和情緒發展上的障礙，重新融入正常家庭和學校的生活。宿舍可容納六十三名男童，年齡為七至十四歲的小學生。男童於與宿舍相鄰的東灣莫羅瑞華學校上學。

4. 兒童之家

我們於一九九三年投入服務，透過溫馨的家庭式照顧、生活技能訓練、功課輔導和文康活動等，使缺乏適當家庭照顧的兒童能得到關懷和照料，在一個愉快的環境下成長。在兒童住宿期間，我們與家人保持緊密聯繫，在合適的情況下，兒童得以盡快重投正常的家庭生活。七間兒童之家共提供五十八個宿位，其中設有收容輕度弱智的兒童 / 緊急宿位 / 全男生宿位，服務對象年齡介乎四至十八歲。

5. 寄養服務

我們於二零零四年開始提供寄養服務，為一些因家庭變故（例如父母患病或去世、父母入獄、父母婚姻出現危機或其他原因）而缺乏適當照顧的兒童，提供家居以外的家庭式照顧，直至其家庭情況有所改善，兒童能重返家庭生活，或獲得較長期的照顧安排。我們共提供三十個名額。服務對象年齡介乎零至十八歲（包括初生嬰兒）。

6. 家庭能量計劃（天水圍家庭效能發展計劃）

我們於二零零六年正式開展「家庭能量計劃」（前身為「家庭效能發展計劃」），乃本會一創新服務，通過家庭教育、及早辨識與改善家庭及社區鄰舍關係等，提高家庭效能，減低家庭暴力的風險，促進家庭和諧。

透過小學及學前教育等社區網絡，主動辨別家庭需要，為家庭提供輔導及支援的工作，計劃內容包括個案評估、親職教育、家庭輔導及小組輔導、家庭服務轉介等，並設有駐校社工服務及家庭資源中心，而服務範圍也不再限於天水圍。

7. 東灣莫羅瑞華學校

成立於一九七一年，並於一九七五年開始接受政府資助，一九九三年正式定名為東灣莫羅瑞華學校，為一所群育學校，幫助那些在心理、行為和情緒發展上遇到障礙而未能在普通學校教育中獲益的兒童，提供教育和輔導服務，培育正確的價值觀念和良好行為，提高他們各種適應社群生活所需的能力和技巧。現有學校名額全校共七十八人，服務對象為小二至小六男童。

8. 香港學生輔助會小學

位於天水圍的小學，成立於二零零二年，學校為一所津助全日制學校，現有六百四十名學生分別就讀小一至小六。學校除了為學生提供一般本科學習外，亦鼓勵及促進學生作多元化發展，同時強調家校合作，使學生能在健康愉快環境下學習及成長。學校曾榮獲多個獎項，例如行政長官卓越教學獎及卓越關愛校園獎。

9. 寶達幼兒園

位於秀茂坪寶達邨，成立於二零零二年，為一所全日制幼稚園暨幼兒中心，名額共一百二十一個，為二至六歲幼兒提供學前教育服務，並重視親職教育，為家長舉辦許多增進育兒知識訓練，也推動家長義工，鼓勵家長參與學校活動，多了解學童的學習實況。中心也設有駐校社工服務。

聯絡方法

倘有查詢，歡迎致電 2341 6249 或電郵 info@hksas.org.hk。您亦可登入香港學生輔助會網址及臉書，進一步了解本會服務。

網址：http://www.hksas.org.hk

臉書：　f 香港學生輔助會　Q

地址：九龍觀塘道 485 號地下

電話：2341 6249

傳真：2344 7411

編者的話

今年是香港學生輔助會成立六十周年，趁機出版專書，讓
關心孩子成長的讀者了解我們的服務，別具意義。

我們一直推行和實踐「小家舍模式」，為因種種原因（如家
庭、行為或情緒問題等）而未能得到適當照顧的兒童及青
少年提供住宿服務，希望透過多樣及個人化的專業介入，
協助孩子與家人團聚，或為成年後獨立生活作好準備。孩
子離開原生家庭，在新環境中與陌生人生活，感受難免複
雜。於是為孩子提供一個「家外的家」，是我們的首要任務。

「能耐為本」亦是我們另一個重要的服務理念。我們相信天
生我材必有用，只是孩子在成長過程中由於各種原因，天
賦被他人甚至自己忽略、遺忘。更甚者是，受傷的孩子慣
於將目光聚焦在自己的不幸和弱點上，情緒因而受困。所
以我們的個人輔導以及小組工作，著重發掘孩子的強項，
然後加以栽培發展，目的是要令孩子學習「自強不息」，日
後有能力和勇氣面對挑戰。

此外，我們亦關注孩子與環境互動後所產生的影響。孩子
自身是一個系統，其家庭、學校／職場、社區又是不同的系
統；讓不同系統進行互動（包括情感或行為方面的交流），

有助孩子健康成長。

今年，在某單位舉行的結業禮上，代表致辭的孩子勉勵所有即將要離開宿舍的同伴時，叮囑大家：「第一，唔好放棄自己，即使很多事情未能如願，過去的命運並非自己所選，但記得，唔好放棄自己。第二，要堅強，即使要離開宿舍重投社會生活，也要堅強面對未來的挑戰。心態可以改變命運，希望大家能夠活出燦爛而無悔的人生！」

本書亦收錄了家舍孩子部分的繪畫作品。一步一足印，一幅圖畫一句心聲，衷心感謝每位燃亮這個「家外的家」的孩子、一直陪伴他們成長的同工以及關心這些孩子的各位讀者。

十年樹木，孩子的成長卻是百年的志業，願你繼續支持我們的工作。

馮美珍
香港學生輔助會
助理行政總裁

為孩子提供一個家外的家
——專訪香港學生輔助會行政總裁關健城先生

孩子由於種種原因要離開原生家庭生活，心中的徬徨和無助可想而知。如何為他們提供一個「家外的家」的成長環境？我們可從小家舍模式的理念中得到一些啟示。

問：過去六十年，香港學生輔助會的院舍服務發展經歷過哪些階段？

答：我覺得一九八五年是一個分水嶺。當年我的上司（當時香港學生輔助會總監袁煥森先生）寫了一篇很好的文章，詳述他對發展小家舍模式的理念。當時有研究和文獻提出一些疑問：大型院舍的生活是否最適合兒童的身心發展呢？兒童之家的模式是否更理想呢？這篇文章正好回應了該些疑問。

當時香港學生輔助會轄下有三間大型院舍，包括荷蘭宿舍、馬可紀念之家以及石壁宿舍。如何令它們運作得更好呢？舉例說，當時我是馬可的院長，院舍住了一百個孩子，人手相對緊絀，如何令日常運作不那麼著重管控，並能為宿生提供相對個人化的照顧，甚至

進一步的輔導及治療服務呢？尤其是需要入住院舍的孩子，一般也有一些特殊需要：可能是原生家庭未能提供合適的照顧，或是孩子身心出現一些狀況，如過度活躍、自閉、哮喘等。

參考小家舍模式，我們的改善計劃是將宿生分成五個家舍，平均一個同事在一個時段內看管二十個孩子，令孩子可以經常和那位同事相處。成長過程中，孩子需要有所依靠和有所依附（attachment），所以跟他們建立一些固定的關係是重要的。關係和 engagement 做好了，一方面宿生會更敢於向導師傾訴，而導師亦更容易輔導孩子。因此家舍的英文原名不是 dormitory 而是 house，背後的想法是為孩子提供一個盡量 homelike 的環境，宿生之間互相關懷和支持，環境中亦有一些成年的模範對象。

我們的理想是八至十二人一個家舍，但因為地方、資源和人手等種種限制，要達到這個目標並不容易。始終我們院舍服務全年無休，連農曆新年也要安排同事輪班返工，而家舍宿生人數越少，所需的資源便倍增。但我們會不斷努力，一有機會便將家舍的人數規模縮小。像三、四年後我們會重建荷蘭宿舍，將來會是十六人一個家舍（現在是二十人）；石壁宿舍和東灣學校日後會搬去屯門，屆時每個

家舍的宿生亦會由二十人減至十八人。

問：如此一來，同事的角色便不只是「看管者」，更像是「家中的大人」，有模範（role modeling）的作用。如何協助同工適應如此具挑戰性的角色？

答：在人事管理方面，我們會花很多功夫去「留同事」，亦不會輕易安排調職，同時十分鼓勵同事持續進修，因為院舍的日常工作除了「照顧」外，還包括「輔導」及「治療」，需要更多有關社會工作和介入的知識。

可以說，家舍中有三類模範對象。第一類是家舍導師，他們跟孩子一起生活，深入了解小朋友的日常狀況，是真正的每天以生命影響生命。第二類是社工，主力負責個案和小組的工作。現在每個家舍也有固定的社工，因為我們多了很多有特殊需要的個案，如專注力不足和自閉症等。第三類是任何一個在院舍工作的成年人，可以是清潔嬸嬸、司機或寫字樓同事，只要他們以關懷的態度對待孩子，他們便是孩子的榜樣。

我們觀察到一個有趣的現象，就是一些很用心工作或任職了一段頗

長時間的同事，被他們輔導和照顧過的孩子，都會在不知不覺間學習了他們的一些小動作，甚至連衣著風格、愛好以及髮型也會模仿過來呢！

問：社會不斷變化，不同年代的年輕人也有不同需要。你認為今天家舍的孩子和以前的宿生有哪些不同？

答：社會改變了，家庭能發揮的功能比以前弱了不少，有些家庭環境甚至會為孩子帶來傷害（如虐兒個案）。以前師長對年輕人可能會嚴厲一點，但今時今日我們要和孩子「傾多啲」，因為他們需要更多的個別關注和照顧。不是年輕人「曳咗」，而是過去二三十年間多了一些助人專業人士，如臨床心理學家和精神科醫生等。研究多了，服務亦變得更深入，令我們明白有些孩子有特殊需要，他們在家中累積了很多負面的經驗。我們希望家舍的環境可為他們帶來一些正面的成長和學習經歷。

所以介入當然不止是輔導，關懷亦好重要。記得有一次我經過樓上家舍，有位宿生在汽水販賣機前自顧自地發脾氣，原來是機器故障「食錢」。我用八達通請他喝汽水，孩子當場笑逐顏開，連聲道謝；原來好小一件事，便能令一個小朋友重新快樂起來！

記得我早前參加一個前線同事的婚禮，他是家舍導師，提到 DSE 放榜時，他抽時間陪同宿生攞成績表及搵學校，因為他知道這是個關鍵的時刻，年輕人特別需要人扶持和給予意見；另外，亦有家舍職員和太太在我們同意下，於工餘時間帶小朋友返教會，令他們在社區得到支援。這些輔導以外的介入，對建立關係都是非常重要的。

問：最後，在香港學生輔助會服務多年後，你對「成長」和「年輕人」有什麼個人的領會？

答：年輕人是我們的將來。有時在家舍看著他們，我彷彿看見希望。無論多頑劣的孩子，一轉眼間便長大了，然後你發現他們身上已出現改變。

最近我撞見一位在懲教署工作的舊生，他回來宿舍探望我們並作分享。我問他，你在懲教署有沒有遇上一些因犯事而被監禁的舊朋友？他說不多，但有見過。那為什麼他自己又不會行差踏錯呢？他說自己以前在石壁宿舍生活時「好曳」，但院舍對他不是沒有影響。當他離開宿舍後，成長過程中面對著一些大是大非的關口，甚至可能差一步便會走歪路時，他會想起宿舍同工的教導，然後懸崖

勒馬。原來我們的工作會在孩子心裡播下種子，令他們不致誤入
歧途。

我相信未來一段好長的時間，社會仍需要院舍服務。希望政府和各
方有心人士，繼續支持我們的工作，令小家舍模式在大型院舍中越
做越好，為有特殊需要的孩子提供全面的照顧、輔導和住宿服務。

讓烙印成就生命
—— 兒童和青少年院舍的臨床心理服務

張珮怡（香港學生輔助會臨床心理學家）

不少人將人生比喻為一張白紙，自己就是手上那張白紙的藝術家，這個比喻確實非常貼切。不過，這個比喻未能帶出一個很重要的事實，就是每一張白紙本身是獨一無二的，而紙上可能會有花紋、小圓點、皺摺、水印等等。

當我們檢視自己手上的白紙時，不期然會將目光放在不完美的地方，心裡對於自己為何總是有點不完美感到彆扭。不同人對於這些不完美的地方會採取不同的方法去應對。有人長期將焦點放在這些不完美的地方，心裡暗暗慨嘆自己為何不能像他人那般完美，而且總是懷著鬱結過日子；亦有部分人會想盡辦法，把這些不完美遮蓋，可是心中對此仍是耿耿於懷，憂慮有一天會讓人看到自己不完美的地方。當然，亦有人坦然接受這些事實，並讓這些痕跡成為創作的靈感。

知名的藝術家，他們創作用的材料及工具，很多時並不是價值不菲的東西，而是普通的物品，正如有藝術家利用粉筆，在街道上畫出美麗的巨型畫像；又或有

藝術家利用廢棄的物品，創造出巨型獨特的藝術品，他們豐富的想像力及創意，實在令人嘖嘖稱奇。這些藝術家所帶給我們的訊息是，創作不是要去否認不完美或困難的存在，而是透過重新檢視對事物的看法，改變對事物既有的想法，創造很多「不可能」。

本機構所服務的兒童及青少年，由於家庭或種種不同的原因，需要入住機構屬下的兒童之家或宿舍。他們當中不少曾面對家庭巨大的變化、目睹親人經歷不幸的遭遇，又或者自身是有特殊需要，更可能曾經歷心靈創傷，影響了自信心或信念。

較年幼的兒童，本機構會提供臨床心理服務，透過遊戲治療，協助他們抒發情感，重新建立對自己的信心及對別人的信任。至於相對較年長的兒童及青少年，則多數會採用認知行為治療的模式，幫助他們改變扭曲的想法及不恰當的行為，將焦點放在他們可造就的潛能。

什麼是認知行為治療？認知行為治療是一種心理治療模式，應用於治療多種精神疾病，如抑鬱症、焦慮症、創傷和壓力相關障礙症、精神分裂譜系及其他思覺失調病症。認知行為治療理論認為一個人的思想、情緒及行為，它們之間是互動及互相影響的。因此，透過

改變一個人的思維或行為，我們可以改善他／她的情緒狀況，達至健康的生活模式。至於未有患上任何精神科疾病的兒童及青少年，我們可以採取其中思維重塑及行為管理模式的介入手法，協助他們改變一些扭曲的想法及偏差的行為。

總括而言，機構的臨床心理服務，主要是透過面談的模式，協助住在宿舍及兒童之家的兒童及青少年，深入了解自己思想、情緒及行為的互動關係，反覆嘗試改變扭曲的思維，建立正確的人生觀，培養良好的習慣。

大家手上的白紙，都有著不同的烙印。要建立美好的人生，就要巧妙地借用這些烙印，創造令人讚嘆的「不可能」。

教育，
就是教孩子如何生活

劉存義，人稱 CY 劉 sir，在群育學校（東灣莫羅瑞華學校）任職學校社工大約二十年，見盡無數孩子進出東灣莫羅瑞華學校的校園。面對外間對群育學校的批評，如指其課程淺易根本無助孩子適應主流學校等等，以及目睹由官僚和偽專業主導的轉介機制，不斷蹉跎一些學童的歲月，劉 sir 依然老馬有火。

雲淡風輕的娓娓道來，隱藏在話語間的教育理念卻是擲地有聲。而經過年月淬鍊的信念，在挑戰恍如鐵板一塊的制度時，更見鏗鏘。

他憶述，有孩子確診患有讀寫障礙和專注力不足，在校情緒波動兼上課時滋擾同學，本來家長、原校輔導主任及劉 sir 也同意孩子入讀群育學校，相關部門負責職員卻諸多設限，結果延誤了介入時間足足好幾個月。

「做了那麼多年，對整個制度及其官僚習性，我是嗤之以鼻的。」

一分之差，蹉跎半年

問：可否先簡單介紹一下你的工作背景？

答（CY 劉 sir）：之前我是做外展社工的。年輕人四處遊蕩，有時今天碰到他們，明天已不知所終了。就算你家訪，他們也可以躲著不應門。相反，宿舍這裡說得難聽一點是困獸鬥，我們幾乎日日也可以接觸到服務對象，所以介入的時間表和管理會做得比較理想，能真正有效地幫助一些有需要的孩子。

問：學生通常是透過什麼機構轉介到群育學校的？

答：有時是學生原校，由它們直接轉介，或它們將學生先轉介予綜合家庭服務中心跟進，再由家庭社工接觸我們。家庭社工的轉介可能會有一些涉及虐兒的個案，家庭背景通常比較複雜。也有個案是醫務社工發現孩子有特殊需要、行為和情緒問題以及家庭支援不足，所以轉介過來的。

問：轉介過程一般順利嗎？

答：過程中也會有一番折騰。如我之前提及那個患有讀寫障礙的孩

子，除了在學習方面需要支援，雙親管教方式也令孩子出現過度倚賴和操控性的行為。早於二零一四年十二月，孩子原校的輔導主任陪同家長到我們學校和宿舍參觀，他們在了解過我們的理念和日常運作後，同意立刻申請轉介，希望兒子在得到適切和個別化的照顧後，行為會有所改善。

然而即使萬事俱備，家長和我們對轉介一事態度積極，轉介者亦多次與相關部門負責職員電話聯絡，分享家長及學生的意願，相關部門負責職員卻表示原校校方需提供孩子最新的智商評估報告才會考慮接受申請。孩子於二零一一年時接受教育局教育心理學家評估總智商為七十九，屬極為輕度的智力障礙者。

問題是，如果你一定要孩子先做一個 IQ test，而大家都知道結果不會與之前有很大差別，為何不讓孩子先入讀群育學校，早一點接受服務和適應，一邊等候報告結果呢？融合教育政策不是表明家長有權選擇孩子入讀主流或群育學校的嗎？家長也不時查詢轉介情況，但由於相關部門負責職員墨守成規，結果拖延了孩子接受服務的時間！

結果新的報告在二零一五年三月三十一日出來，孩子的總智商為八十一。最後相關部門負責職員於同年五月四日批准孩子入讀群育學校小五年級，翌日正式入學。

問：為了區區報告上的一兩分，孩子卻延誤了幾乎半年才有服務⋯⋯？

答：結果這五個月是三輸的局面：老師輸，同學輸，孩子自己也suffer，而這本來是可以避免的。

我只能說相關部門負責職員是「堅離地」。他們只管睇文件，或聽取局方其他部門同事觀課後的口頭匯報，拒絕因應個別情況召開會議，亦忽略了家長及孩子的訴求，是好專業的 armchair social worker 和 armchair psychologist。

跨級分組，提升動機

問：孩子入讀群育學校後，如何協助他適應新的校園和課程？

答：我們做了很多 pre-admission 的工作，如安排學生及家長到院校參觀、家訪，亦邀請學生、家長、原校輔導員和家庭社工出席新生入學會議，讓大家確認和了解孩子由入學到完成小學課程的具體

安排和部署，建立溝通和合作平台。

另外，孩子剛獲批轉校時，碰巧宿舍宿位已滿，於是唯有以「非寄宿生」的身份入學。他住在東涌，我們（社工和班主任）不時會去家訪，好讓他和父母感受到我們的支持，以及明白我們的理念是要協助孩子適應新課程和學習安排。

細路仔是最領情的，他們能感受到我們的善意，即使他們未必懂得回應和表達。為何一些孩子在外邊被人罵一句便會失控打人呢？原因之一是他們之前其實已 suffer 了好多好多，但是沒有人會體會他們的苦況。

問：於是積壓到一個點便爆發了⋯⋯

答：另外是學習的情況。很多同學明明可能英文只有小學三年級程度，但在主流學校他們卻要上六年級的課，你叫同學可以怎麼辦？他們伏案睡覺已是最好的忍耐了。

我們提及的那個孩子，首先父母十分認同他重讀小五的建議，認為對他日後成長很有幫助。另外，我們安排跨級分組的學習（編按：即因應學生的學科成績，將程度相近的學生，跨年級編入同一組上

課），目的是要提升孩子的學習動機。孩子是小五學生，但他的中英數只有二、三年級程度，透過跨級分組，他便可以學習到適合他程度的內容。

課程是淺易了，但最重要的是孩子終於聽得懂老師在說什麼，並因此在課堂找到自己的位置，不會次次測驗都是考「零雞蛋」。他有了成功感，自然更願意學習。

其他介入包括邀請孩子加入足球、籃球和游泳校隊，進一步提升其自尊感和成功感，同時令他知道自己在校園是備受關顧的，不用只靠「曳嘢」來引人注意。孩子很快便適應新環境並安頓下來，亦少了很多情緒和行為問題。

教育即生活

問：不過坊間亦有一些說法，指群育學校個別化的教學調適，雖有助提高孩子的學習動機，但同時亦令孩子日後更難適應主流學校的生活。

答：孩子重回主流學校後能否重新適應，其實很視乎原校將焦點放

在哪裡。是放在孩子的轉變和進步的地方上，還是著眼於他和其他同學之間仍然存在的差距？我們抱持哪種心態看待孩子，這是很關鍵的。

另外是資源問題。近年教育局給予群育學校的支援是多了，如資助群育學校聘請一位半職（以最初入職薪級計）的學位社工，為不多於四十三位學生、他們的家庭及就讀學校提供為期一年的「離校生支援服務」。但這又是否足夠呢？

當孩子由一個宿舍轉到另一個生活環境，由一所學校轉到另一所學校，是很需要家庭社工的協助，因為孩子的原生家庭本身往往亦有很多需要改善的情況。問題是資源不足，如我們有些孩子七月中才離宿，家庭社工九月便把個案結束了，結果其中有兩個家庭爆出懷疑虐兒的情況。

問：所謂「十個沙煲九個蓋」，教育制度和家庭百病叢生，社工永遠面對著不夠資源和不夠時間的狀況。

答：其實教育，是 day-to-day 的接觸。所謂生活即教育，我們是要教孩子如何生活，然而這方面很多學校甚至家庭也做不到。

入住篇

第一章 ⋮ **做個好朋友**

「什麼是衝突？」

從前，有個八歲半叫楠楠的小男孩來到石壁宿舍，社工方麗鴻姑娘問他：

「你為了什麼來到宿舍？」

孩子一臉迷惑：「不知道呀！」

「是否要學習如何處理衝突？」

「什麼是衝突？」

「是否要學習如何跟人相處？」

「相咩處？」

「是否〔滴汗滴汗滴汗！〕……學習和人做朋友？」

「係呀！」

就這樣，方姑娘和楠楠成為朋友，然後一起學習怎樣跟人相處和處理衝突了。

夜半尖叫聲

來石壁宿舍前，方姑娘一直從事青少年的院舍工作，服務對象是中學生。跟小學生「近距離接觸」，這回是頭一遭。

「很多東西也要重新調節呀！」直言過去對青少年工作更感興趣的方姑娘說。然而因為楠楠，她發現每個小孩子也有獨特可愛的一面。

「楠楠是我在石壁宿舍協助的第一個孩子，他令我了解到和小學生相處需要特別的溝通模式，而每個孩子其實也很有趣。像楠楠，他不發難時好可愛，說話笑死你。甚至他發難時也會令你哭笑不得，嬲佢唔落。」

例如，楠楠剛入宿的頭幾個星期，因為怕黑，半夜會突然驚醒，然後大吵大鬧。那時方姑娘初來報到，頭一次單獨巡院，孩子的哭叫聲在寂靜的校園中迴盪，格外驚心動魄。

那夜亦是楠楠第一天入宿，是孩子人生中第一個不在父母身邊的晚上。要知道，楠楠自三歲開始，半夜例必爬上爸媽的床，在大人懷裡才能安然睡覺……

「他每五至十五分鐘便放聲大哭一次，每次半小時，把宿舍裡的

所有大人細路都吵醒了。」方姑娘回憶道,「基本上整個晚上我都留守在他床邊,嘗試哄他入睡。他所住的家舍值班導師更要睡在房門口的沙發上,準備隨時應對。」

方姑娘耐心輕拍孩子的身體,節奏由快至慢。直到濃厚的夜色漸散,曙光初露,楠楠才掛著眼淚鼻涕、摟著一大卷紙巾入睡。過去幾個小時的小魔怪,轉眼間變成一個安靜的小天使。

遠在香港另一邊的天水圍,楠楠父親整晚也睡不安穩,甚至因為掛念兒子而偷偷垂淚。「不止楠楠,其實家人也要重新學習和適應。」方姑娘表示,因為楠楠有特殊需要,家人特別照顧和痛惜他,間接令孩子學會利用一些不適當的行為去滿足自己的需要,如大吵大鬧甚至出手打人等。

「有時家人被逼屈服或長時間太包容,會令孩子維持一些與年齡不相稱的行為,而這些行為又會影響孩子的學習和社交生活。」

「看著他們一天一天長大……」

起初沒有小朋友願意親近楠楠。導師派積木,沒耐性的楠楠要第一時間拿到玩具,否則便大吵大嚷,甚至出手搶奪;早上大伙兒吃燒賣,孩子要搶先蘸醬油,否則便臥在地上大叫轉圈;大家勸他學習自己睡覺,楠楠說這樣他的眼睛會哭出血來;導師要他排隊,他投訴雙腳累得快要斷掉;要他乖乖住在宿舍,他又說早晚會被山火燒死。

和孩子不能硬梆梆的講道理,尤其在他們情緒失控時,最需要

的是導師的陪伴。一來是為了確保他們的人身安全，不會弄傷自己；二來是和他們一起經歷情緒的高低起跌，然後協助他們善後，反思事情的因果始末，對雙方而言都是難得的學習。

「很多小朋友發脾氣是因為不懂表達自己，有時他們不得不先將情緒發洩出來。這是非常關鍵的時刻，有危亦有機。」

方姑娘說，試過有孩子把床褥和被鋪摔開，然後把額頭猛力撼向床板，情急下她唯有用手將孩子的頭和木板隔開，結果手掌瘀黑了一大塊。

「當他們覺得自己最『醜怪』的一面也能被你接納，而即使發脾氣，你也在身邊保護他們時，彼此之間的信任便逐漸建立起來。」

像楠楠，來了宿舍半年，社交和生活方面也有很大的改善。他說，「方姑娘教我不要大叫，要忍耐和等待。」

方姑娘與家舍導師刻意安排楠楠的床靠窗，是房內最多自然光的角落，亦鼓勵他摟著從家中帶來的攬枕睡覺，協助孩子一步一步建立獨立睡覺的安全感。行為方面，即使大吵大鬧和出手打人的壞習慣不能一時三刻完全改掉，但衝突過後，方姑娘與導師一次又一次耐心的陪伴和回饋，亦讓孩子知道，一些行為和表達方式在群體生活中並不恰當，最終亦只會帶來反效果。

方姑娘認為相比青少年，小學生的可塑性更大，除了孩子的轉變明顯，家人亦更願意學習和配合，將宿舍的規矩和對孩子的要求移

植至家中，令介入效果相得益彰。

現在，楠楠會和宿舍其他小朋友在遊樂場玩「兵捉賊」，會和同學分享使用電腦，會自動自覺完成功課，然後背著他心愛的「美國隊長」書包，從遠處蹦蹦跳的跑到方姑娘面前，說導師讚他乖，並撒嬌問：「方姑娘，地球上你最錫的孩子是我嗎？」

晚上巡家舍時，方姑娘總愛在楠楠的床前駐足，細看他摟著攬枕睡得香甜的模樣。「每日和孩子一起經歷喜怒哀樂，看著他們一天一天長大，這份滿足感是住宿照顧服務獨一無二的魅力。」

環境和心理空間

像楠楠一類的孩子其實為數不少。他們多被老師、同學、家長簡單地標籤為「曳」或「懶」，當有情緒或行為問題時，便被隔離到醫療室或圖書館，以免他們擾亂課堂秩序。

然而問題背後的原因，卻往往甚少人深究。「結果由小學開始，問題一路累積下來，然後到中學便越來越嚴重。」過去接觸不少「問題中學生」的方姑娘，清楚地看見這條不幸的成長軌跡。

現在雖然大家對有特殊需要的孩子認識多了，但社會大環境卻持續壓縮孩子的成長空間。如近年滲進我們日常生活的「手機文化」，什麼也強調「快」和即時的滿足，人的耐性和對他人的接納程度，變得相對薄弱。

加上一般父母工時長，在校老師亦為了趕課程和應付五花八門的行政工作而疲於奔命，留給孩子的時間和心力也越來越少。

「細路仔其實需要人陪伴多於物質滿足。我問同學仔，你想方姑娘陪你到〔宿舍附近的〕石灘玩還是請你吃東西，他們都寧願選擇前者。」

石壁宿舍就為孩子預留了環境空間和心理空間，讓陪伴和接納得以發生。

「首先，院舍是廿四小時的陪伴，無論發生什麼事情，社工也可以在孩子身邊作即時介入和事後解說。」方姑娘解釋，「而且社工和導師在心裡也預留了空間，知道孩子必定有『發作』的時候，甚至孩子們自己亦因為自身的經驗，知道同學發脾氣時要給予他空間，讓導師陪伴他。」

孩子如宿舍四周青翠的綠蔭，只要有足夠的空間和每天的灌溉，便會自然而然的開花結果。

不可叫人小看你年輕

楠楠家中有妹妹和弟弟，弟弟未夠一歲，是他的小寶貝。他說：「我喜歡逗他笑，他的笑容好得意。」

楠楠在宿舍偶爾也會想念家人，但他已學懂控制情緒，專注改善自己的行為，目的正正是為了準備家庭團聚。「爸爸跟我說好，叫

我不用掛念他。」

「那麼你最愛的小弟弟呢？」

楠楠白了我一眼，「細佬都唔識講嘢。」

真的不可以小看孩子呢！

第二章 ：：： **面具**

孩子的「壞」，都是偽裝的

阿 Ken 剛到宿舍時，滿口粗言穢語，行為衝動火爆，言語上尤其針對女性，每天跟同學和導師爭執不斷，言行和他那黑黑實實、胖嘟嘟的六年級可愛男生造型有極大落差。

社工麥珮汶邀請他參加小組，他一口拒絕：「我是個沒有同理心的人，逼我參加小組，我只會打人和搞事。」小組活動強調互動和體驗，大部分孩子都很享受，就是除了固執的阿 Ken，一副寧死不屈的模樣，令麥姑娘既頭痛又好奇。

麥姑娘相信，不管外表多猙獰，行為多頑劣，每個孩子，心裡也有單純善良的一面。人之初，性本善。壞孩子的「壞」，通常都是偽裝的，是為了在艱苦環境中求存而鬆上的保護色。

「我的工作，就是要把他的面具拆下來。」麥姑娘說。

「我那顆心是黑色的！」

阿 Ken 來自有家暴問題的單親家庭，之前因為欺凌同學被轉介到宿舍，接受「短適服務」。服務的目標是透過短期而密集的介入，改善孩子的情緒和行為問題，然後重返原校升學。

社工分析，阿 Ken 屬欺凌行為問題中的「操控型攻擊者」，透過「蝦蝦霸霸」來建立個人形象和控制他人。一般而言，欺凌者的同理心較薄弱，可透過小組活動，學習社交和解難技巧，改善人際關係。

麥姑娘主持一個「共融小組」，組織院舍的宿生，服務有身體障礙的社區人士，一方面回饋社會，另一方面讓孩子學習易地而處，了解不同人士的感受和需要。

麥姑娘解釋：「小組內容很多元化，常見內容包括情緒管理和改善人際關係。因為有特殊需要的學童一般會在這兩方面比較弱。手法上我會多運用 CBT（認知行為治療），讓孩子明白他們的行為會帶來哪些後果。」

應用在孩子身上，認知行為訓練強調有系統地改善孩子的不適當行為，一方面協助學童了解他們某些行為的前因後果，另一方面透過關心和讚賞，以及賞罰分明的行為合約和計分制度，強化小朋友的理想行為。

麥姑娘有多塊由磁石貼組合而成的公仔版畫，活動時如果有孩

子「講衰嘢」或「手多多」，她便會從圖畫移除嘴巴和手掌的部分。如果小組完結時公仔能「明哲保身」，組員便可得到一些小獎賞。

「當然，事發時孩子衝動的情緒蓋過一切，還未來得及思考已動手了，所以有時亦會教導他們遇事當刻的處理方法，如即時離開衝突現場，或嘗試深呼吸冷靜下來，然後告訴導師或社工，讓他們去處理。」

不出所料，阿 Ken「被加入」那個小組，不時「霸氣」盡現。課堂上他粗口橫飛，大吵大鬧：「我本來就是沒有同理心的，參加共融小組也不能改變我什麼。我那顆心是黑色的，你不要理我吧！」

阿 Ken 笑言，「當時就是想姑娘踢我走。」

麥姑娘強調，孩子對人的信心是要「儲回來」的。「有特殊需要的孩子在主流學校累積了很多挫敗的經驗，老師們都認定他們是『不專心』或『搞事』的同學，所以他們會有一些根深柢固的想法，如老師是不會相信他們的，而無論自己表現如何，結果都是會受罰等。要改變這些想法，我們要花很大氣力。」

面對孩子如火山爆發般的情緒，考驗社工的不單是技巧和知識，還有死心不息的耐性，以及對美好人性的信念和堅持。麥姑娘就是每天硬要拉住阿 Ken，一對一的跟他面談，即使阿 Ken 每每惡言相向，她也不慍不火地堅持下來。

「我知道這孩子說出口的未必就是他心中所想的。他那副嘴巴越

是攻擊人，要把所有人從他身邊推開，心裡就越是需要一些東西。」麥姑娘說，「其實他以前受過傷害，所以很難對人有安全感，總會想方設法地測試他人是否真誠。」

面對這個「難纏」的社工，阿 Ken 的攻心計也無功而還，「我越要她憎我，她就越是要煩我。」

以身為鏡，映照美好

持久的愛心和忍耐能溶化所有孩子的心，包括自稱鐵石心腸的阿 Ken。漸漸他打開心中那扇鎖上的門，起初只是一條細小的縫隙，慢慢越張越開，最後心事和情感傾瀉而出。

「他開始多講述一些關於自己的事情，讓我多了解他的過去，以及他心中那份對人的害怕。可能是過往的一些經歷，令他對人缺乏信任……」麥姑娘知道頑固的孩子願意敞開心扉，吐出的一字一句都珍貴如金子。

有時孩子一些細微的良善舉措，都是真性情的表現。社工要抓緊機會捕捉，然後向他們反映，好讓孩子知道，原來躲在面具後的，是一個更好的自己。

「一些小獎勵或讚賞已可令有特殊需要的同學有好大的動力。可能他們在成長過程中一直未有得到太多人的欣賞，所以特別『受讚』。」

「當然我們不是什麼也亂讚一通，而是主動注意到一些連孩子自己也未必為意的微小進步和良好行為（catch them for being good），然後提醒他們：原來你是可以做得好好的。」

如宿舍社工經常舟車勞頓或工作至夜深，某天阿 Ken 注意到麥姑娘面上有很深的黑眼圈，故提醒她多休息。姑娘看到孩子對自己的關心感到很窩心，但表面上不動聲色，故作不解地問：「你不是說自己沒有同理心的嗎？你看到人家有休息的需要，這不就是同理心嗎？」

凶神惡煞的面具不過是保護罩，隱藏在背後，是一顆脆弱和害怕被拒絕的心靈。因為怕被人拒絕，所以先拒絕人，阿 Ken 說，「我從小就是這樣的。」

「我不懂得跟人相處，為人粗粗魯魯，失控時又會拍枱罵人。與其惹人討厭，不如我先做衰人，讓大家避開我。」

根據現實治療法（reality therapy），人人皆有追求認同的需要（need for identity），包括被愛與付出愛的需要，以及希望自己和他人都覺得自己有價值的需要。

「很多時候，青少年在成長中欠缺真正關心他們的人，」麥姑娘解釋，「他們害怕與他人競爭和面對現實，並藉著逃避或不負責任的行為去減輕內心的不安。然而隨著環境改變，以及在師長們的輔導和行為更易法（behavior modification）的推行下，年輕人內在的成長動力漸漸被激發起來，並最終能夠達到『成功的認同』（success identity），認同自己值得被愛，亦需要去愛人。」

人家不放棄自己、關心自己，小朋友看在眼裡，心裡明白，原來所謂「以暴易暴」，並非與這個世界相處的唯一方法。阿 Ken 回憶說，某次自己遭同學挑釁，正要發作之際，楊 sir 跟他說：「你不用理會人家怎樣看你，最起碼我不覺得你壞，除非你先認輸，承認自己就是如此。」

阿 Ken 笑道，「這句話如一槍轟中我的心。」

孩子建立了良好的自我形象，自然而然懂得與人相處。「原來人家對你不好，你不一定要對他們不好⋯⋯你可以對他們好，甚至越來越好，直至他們有一天也對你好為止。」

來到宿舍後第四個月，阿 Ken 的表現有長足的進步。他作為共融小組的成員，第一次走進社區當義工協助傷健人士；喜歡煮食的他亦夥拍導師參加烹飪班，第一次以廚藝服務同學。

他見麥姑娘平素在宿舍吃得不多，更特意為她炒了一碟米粉。

阿 Ken 的轉變，令他第一次獲得他人的讚賞和認同。「原來我的生活並非一定只是食煙、飲酒、作弄他人、連群結黨在外生事，」他說，「原來能服務他人、令人開心，是件很好的事。這份滿足感是我以前未曾得到過的。」

天馬行空的阿 Ken 表示自己長大後要服務社會，方法是做廚師開餐廳。「我開的是慈善餐廳，收益將一分為二，一半是餐廳的營運經費，另一半是為無家者提供免費飯菜。」

做回真正的自己

訪問當天，阿 Ken 已離開宿舍大半年。已是初中生的他先是謹慎禮貌，熟絡後漸漸口沒遮攔。面對活潑的阿 Ken，麥姑娘大部分時間側耳傾聽，有時投以鼓勵的目光，有時是略帶責備的眼神，但和孩子的互動始終坦誠如一。

她強調，「放下保護自己的裝甲後，大家都是普通人，需要的都是很基本的東西，如他人的尊重、認同和成就感等。」

「對比一般孩子，我們同學的進步未必很快和很顯著。即使經過三番四次的提醒，他們的表現可能仍是未如理想。但當你開始懷疑介入手法是否適合宿生時，孩子們又會失驚無神地做出一些令你眼前一亮的行為。那一刻自己恍然大悟：原來有些道理，孩子是有放進心裡的。」

因為社工的言教和身教，阿 Ken 學會了成長中重要的一課：誠實面對自己的得失好壞，在接納自己的同時力求進步。

「以前我收埋自己，如把自己困在黑暗的房間裡，什麼也看不到。」阿 Ken 一臉認真的說，「是麥姑娘教我不要欺騙自己，要嘗試做回自己，一個真正的自己。」

第三章 ⋮ **輝輝有心事**

「這裡，我們看重的是孩子的素質。」

　　球場上的輝輝像隻永不言倦的小松鼠，不惜氣力，笑瞇瞇地追逐著皮球。

　　你讚他踢得出色，他只是腼腆地笑笑；你罵他犯錯了，不記仇的他轉眼又依偎在你身邊笑笑鬧鬧。「他找到一套屬於自己的快樂方程式，很有自己的個性，是個傻得很可愛的孩子。」石壁宿舍導師歐陽昭然說。

　　孩子有個性兼傻得可愛，但因為成長軌跡、家庭背景和學習需要有別於一般同學，跟不上主流的步伐，結果三年前來到石壁宿舍。

　　「很奇怪，大家都說群育學校的學生點曳點壞，但每次帶隊或陪同他們外出比賽，最乖最守規矩的卻是他們。」

　　「其實我覺得令孩子覺得自己有問題的，是社會的目光，多於他們自身的狀況。很多時學校和老師不清楚小朋友的真正需要是什麼，或成長中缺乏什麼，只是單純地以課堂和學業表現來衡量他們的得失

好壞。」

「這裡，我們看重的是孩子的素質。」歐陽 sir 強調。

十一歲愛穿橡皮鴨黃色短褲的輝輝在旁側頭聽著，表情似懂非懂，一副笑嘻嘻的憨直模樣。

發掘小朋友的內在價值

來自單親家庭的輝輝，初小時被確診患有過度活躍和專注力不足症，從事飲食業的母親每天既要長時間工作，又要費盡心思看顧他，可謂身心俱疲。

「以前我整天都在街玩，也不做功課，媽媽也拿我沒辦法。」輝輝笑嘻嘻說，「她試過把我關在家裡，但我逃走的技術實在太高超了，很容易便偷走出屋外。」

街童很單純，在公園和友伴玩「捉衣因」已可樂上半天。有時看見母親從遠處氣急敗壞的趕過來，輝輝拔腿就跑。他轉數快，甚至試過躲進停泊在路邊的汽車車底下。

輝輝母親無計可施，加上學校老師經常投訴孩子搗蛋，即使心中不捨，最後還是接受社工的轉介安排，把輝輝送到石壁宿舍生活。

宿舍的群體生活難不倒輝輝。他笑言，「我係街童，落街玩不就是團體生活麼？」加上他性格隨和、不怕蝕抵，和很多小朋友也夾得來，而且話頭醒尾，有時甚至會幫忙指揮同學一起完成舍內的家務，

是導師和社工眼中的開心果。

「其實小朋友心思好簡單，只是想有得玩，日子過得開心。」社工徐燕怡姑娘說。

「逃避功課，只顧玩樂」是輝輝的特色。然而導師和社工漸漸發現這位有著無窮精力的反斗星很有運動天分，於是帶他觀賞羽毛球和足球比賽，更安排他加入校隊操練和參加比賽。

平素懶洋洋的輝輝在球場上表現奪目，令所有人眼前一亮。

「他可是拼盡全力完成每一次的比賽甚至練習，亦不計較成敗。有時輝輝輸了比賽，大家想著要安慰他，他卻一派淡然，『都係盡力啫，輸咗咪下次再打囉』。」徐姑娘說，「他這種不放棄和不計較的態度令我們好感動。」

為了爭取時間訓練，輝輝會自動自覺完成功課，甚至放假時也留在宿舍打波。「他這些性格和運動方面的特點，在主流學校是不會受到注意和重視的。有時我們未必是要教導孩子什麼，而是要給予他們機會，好好發揮自身的優勢，然後協助他們將這些優勢帶回日常生活當中。」

如運動便令輝輝學會守紀律和欣賞別人。隨著他在生活規律和態度方面有所改善，孩子和母親的關係亦好轉過來。「他開始明白母親辛苦，而母親目睹孩子進步，言語間亦多了讚賞。」

輝輝的轉變，令之前是幼稚園駐校社工的徐姑娘感觸良多。香

港家庭問題日趨複雜，加上不完善的教育制度，孩子首當其衝受到影響。

輝輝在幼童時的情緒和行為問題延續至小學，情況變本加厲，令老師和家長束手無策，結果被標籤為「曳」，最後送到群育學校去。「我們要學習欣賞每個孩子，即使他們未必懂得欣賞自己。很多大家不為意的東西，當中其實隱藏著小朋友的內在價值。」

在快要離開宿舍，重返主流小學前的一段日子，輝輝顯得心事重重。他問徐姑娘，「屆時會否有做不完的功課？功課太多我會否沒有時間玩？」

徐姑娘很清楚輝輝將要面對什麼挑戰。始終群育學校的教育模式與主流學校不同，後者要求學生更進取和主動地學習，功課的數量亦較多。

「但孩子越遲返回主流學校，日後的銜接只會更辛苦。另外輝輝亦很想回家和媽咪一起生活。」

和輝輝外出搵學校的過程，令徐姑娘感慨良多。

其實輝輝母親早已向三、四間學校叩門，可惜全部反應不理想。之後徐姑娘又陪同孩子到多間小學面試，老師對來自群育學校的輝輝是否真正「改過自身」將信將疑。

「你真的不會搗蛋？在課堂上你會守規矩嗎？你不會逃課麼？」老師問。

之前向徐姑娘表示「有學校就讀，冇都無所謂」的輝輝出乎意料地主動兼認真回應：「以前我會落街玩不回家，但現在不會了。如果同學騷擾我，我會走開不理睬他們。我不會再搗蛋了，我已經改過了。」

那一刻，徐姑娘知道孩子開始長大了。「他懂得分輕重，亦學會表達自己，會為自己爭取了。」

「相比做好人和做好事，讀書好不好又算什麼？」

訪問在石壁宿舍進行，輝輝重訪舊地，甫抵埗便嚷著要和歐陽sir以及從前一班書友仔踢波。

由於是周末，大部分宿生也外出活動或回家了，校舍特別清幽寧靜，孩子從操場傳來的笑聲亦分外響亮。徐姑娘輕聲說，「輝輝最近幾天曠課了。」孩子的解釋是「唔想返學，返學要留堂，因為功課唔識做，尤其是英文」。

歐陽sir嘗試替孩子往好處去想：「以前你是不肯做功課，現在是不會做，即起碼努力嘗試過，兩者是有分別的。」

輝輝搖頭，「對老師來說都是一樣，重點是我沒有完成功課。」

望著有點沮喪的輝輝，歐陽sir突然提起孩子在宿舍時的一些往事。「我病了，輝輝見我不舒服會主動幫我斟水；我身形大隻，飯量驚人，活動後他又會替我添飯。我教他照顧自己，結果有時他反過來

照顧我。」

「其實小朋友能健康和快樂地成長已很足夠，畢竟讀書天分人人不同。而且相比做好人和做好事，讀書好不好又算什麼呢？」歐陽 sir 說。

然而幾個月後，輝輝因為行為和功課問題，再次被轉介回東灣莫羅瑞華學校。

缺乏彈性的融合教育只是換湯不換藥

問：孩子再被轉介到群育學校，對他而言是否一個挫敗？

答（徐姑娘）：我想影響是一定有的，因為當日他對重返主流學校也是滿懷信心的。其實今次他自己也要承擔部分責任，如不按時服藥，以及對老師態度欠佳等，這些都是他可以控制得更好的老問題。

問：有說社會上很多針對有特殊需要學童的標籤令孩子將問題內化，於是不經意地做出更符合標籤所描述的行為，結果如「自我實現預言」般的不斷成為「問題學生」，被排斥在主流以外。你觀察到類似情況嗎？

答：很多孩子以前打人或不懂得控制情緒，在宿舍雖然有所改

善，但他們仍然相信自己重回主流學校後會被罰和記缺點。你鼓勵他們，說你們現在可是宿舍的領袖生呢。他們會答你：那麼之後我就是一個會被記缺點的領袖生囉！

沒錯，很多有特殊需要的同學會覺得自己能力上總是比別人弱一點，自信心亦較低。同時，外間一些學校對我們亦有誤解，覺得這裡專收「曳仔」。很多宿生搵學校的過程很困難，因為對方知道是來自東灣的同學，就覺得「一定有啲特別嘢喎」。

有時學校的一些態度，會令孩子覺得：你們又要翻舊賬，又要責備我嗎？今次自己又要被罵，都係「死梗」了。由於孩子過去的一些經歷，他們一緊張便很容易跌入過去的窠臼，以一些不合適的方法回應，如刻意要表現得自己是「惡過人」，以及一副「我不怕你」的模樣。

問：除了行為方面，學業上他們的水平和主流學校之間是否存在一定差距？尤其是他們經歷過跨級分組的學習，會否更難適應？

答：我剛入職時認為跨級分組是一個很貼心的安排，但半年後開始察覺到一些問題。舉例說，同學可能是四年級的，因為英文較弱所以獲安排上三年級的課，而為了讓他打好基礎，他唸的課本程度更是二年級的。如此一來，同學和主流四年級的英文水平便相差了整整兩年的程度。結果是他雖然打好了

根基，但同時又嚴重落後於主流學校同級學生的水平。

學校與宿舍發現情況後，已作出調節。如現在小二的新生入學，用的會是他們本身年級的課本。至於舊生，學校會提供額外支援或多元活動學習機會，宿舍同工亦會幫同學溫習及提供補充練習。我亦會跟孩子多做一些活動，提升學習興趣，起碼讓他們不要對學習感到害怕和緊張。

問：但單是孩子和你們努力並不足夠，還需外邊主流學校的配合……

答：這是一個挑戰。有時我們陪同孩子和學校開會，學校表示很支持跨班分組的介入，但亦表明孩子重返原校後，便需和其他同學一樣，接受同樣程度的課程。對很多學校和老師來說，孩子在群育學校改善了行為問題，便是普通同學一個，不需要太多額外的教學支援了。但其實孩子心中怕得要命：我在東灣那邊的功課才剛剛「搞得掂」，現在回到原校實死梗啦。

我覺得學校在不影響課程內容的大原則下，可以做一些調適，加強對有特殊需要同學的支援。如即使默書內容不減，但改用得分制可以嗎？這樣的話，起碼孩子不用次次「捧蛋」。如數學練習，有特殊需要同學可否只做單數的題目，雙數的題目留待周末時才補回，好讓他們有多點時間完成？否則他們追不上功課，一些行為問題又重現了。

問：作為前線社工，如何評價香港的融合教育現況？

答：我個人認為，目前香港根本做不到所謂融合教育，而很多老師的 mindset 亦根本不是那一套的。錢是有的，學校亦額外請了老師或 TA（教學助理）。然而當有特殊需要的同學有情緒和行為問題時，老師便搵社工或叫教學助理把他帶離課室，讓他獨個兒做一些工作紙，直至平靜下來。但這是融合教育嗎？

而且香港的教育制度根本缺乏彈性。我見過一些得分制的默書簿，平心而論對老師是很大的挑戰。如孩子成功默寫一個字詞，便可得一分，但當同一個字詞再出現時，老師便不可再計分了。這是很花心力的工作。但做還是不做呢？不做就是對孩子很大的挑戰。而老師又有沒有這個空間去安排和執行這些彈性呢？學校又是否接受呢？

問：最後，就社會上針對有特殊需要學童的標籤，以及群育學校和主流學校的協作方面，你有什麼補充？

答：其實當孩子第一次被轉介到群育學校時，心中已被打上深深的烙印。他們有種被遺棄的感覺，覺得學校不要我了，於是把我隨便送走。很多孩子的自我形象本身已很低落，亦未必懂得表達自己，更甚者是有些同學連原生家庭的支援也缺乏。所以我們抱持什麼態度，對孩子而言是很重要的，因為轉介過程本身已很容易對他們造成傷害。

成長篇

第四章 ⋮ # 孩子會變臉

奔走於原生和寄養家庭之間

簡詠妍姑娘除了是兒童之家的個案經理，亦是寄養服務的社工，為未能得到適當照顧的孩子安排暫借的安樂窩。

現年九歲的遜仔，母親是新移民婦女，和丈夫離異後患上抑鬱症。遜仔患有讀寫障礙和過度活躍症，精神欠佳的母親無法有效管教兒子，唯有採取體罰的方式。結果孩子自一年級開始入住寄養家庭，由叫陳太的姨姨照顧。

遜仔母親回憶：「當時我幾日幾夜也睡不著覺，學校又不斷打電話來要見家長。偏偏兒子不怕我，又不聽我話，個心成日掛住玩，讀書又不成，成績不是考包尾就是尾二，對著他我實在無法可施。」

遜仔接受服務後，簡姑娘便在兩個家庭之間奔走，確保大家也採取一致的管教模式。透過定期兩邊家訪，簡姑娘觀察到一個有趣的現象，「阿仔在寄養家庭和屋企是兩個樣子來的。他在姨姨面前好乖，但回到家中則完全相反。」

黑黑實實、胖嘟嘟的遜仔也有自知之明。「我亂做功課，搞搞

震,又駁嘴。」問他如果母親每天都要督促他做功課會如何,孩子爽快地回答:「激死!」然後自己忍不住哈哈大笑。

鬼馬的遜仔幾乎每天也有新鮮百厭事,令人啼笑皆非。試過某天放學時他的水壺竟然注滿了汽水。「我說是因為學校的飲水機壞了,漏出了汽水。」遜仔尷尬地笑笑。實情是校車姨姨請他飲汽水,而孩子怕寄養家長責怪所以撒謊。

不同的管教方式引致孩子不同的反應,簡姑娘發現姨姨採用的一些管教方式是能有效令遜仔安定下來,而這些方法是母親從未採用的。

如遜仔有時扭計,因為他知道只要「扭多兩扭」,拿他沒辦法的阿媽便會就範。簡姑娘舉例:「有幾次我跟他們去醫院覆診,阿仔不斷扭計要買嘢飲。阿媽就長篇大論教訓他,而孩子就繼續發脾氣。」

「我(簡姑娘)問遜仔,為何水壺沒有水,他說因為在學校掛住玩忘了斟水。我(簡姑娘)就肯定地告訴孩子,這是你(遜仔)自己的責任,而且我們(簡姑娘和遜仔)睇完醫生就立刻回家,所以無需要亦不會買飲料。之後遜仔便沒有再扭了。」

個案管理精神:「功成其中有我」

這是社工、寄養姨姨和醫生就管教遜仔定下的兩大原則:一,阿仔扭計,一定不能讓他得逞;二,回應時給予直接而且明確的指令,避免和孩子糾纏下去。

「類似情況我(簡姑娘)會即場 role play 給遜仔母親看,之後

家訪時又不斷再示範，讓她知道遜仔面對一些新的應對方式時，反應確實跟往常很不一樣。」簡姑娘說，「阿媽未必可以即時明白，但經過一段時間的潛移默化，她便能慢慢掌握過來。」

簡姑娘也會陪同遜仔母親到精神科覆診，協助她與醫生溝通，好讓醫生更掌握母子二人的相處狀況，並配合家庭社工和寄養姨姨，教導家長一些管教方法。簡姑娘解釋，「我們不一定要將所有工作焦點都集中在孩子身上。有時我們在寄養姨姨和母親層面上的介入，也能有效地改善一些情況。」

家庭系統也是簡姑娘戮力處理的範疇。遜仔的父親起初拒絕和社工有任何聯繫，但經簡姑娘鍥而不捨的接觸和介入後，已逐漸承擔撫養孩子的責任，甚至會主動聯絡寄養姨姨，了解兒子的最新學習和生活狀況。

「現在遜仔的爸爸主力管功課，而母親就負責照顧遜仔放假時在家的生活。」簡姑娘表示，寄養姨姨作為溝通橋樑的角色亦非常重要。「溝通過程中，寄養姨姨有好多的參與，而且她和遜仔父母的關係一直保持良好，令我們『入到位』介入。」

擔任兒童之家個案經理和寄養服務社工多年，簡姑娘明白到一個孩子的成長，從來不會只在一個人的手上完成。「這份工作不是要我一個人去處理所有事情，而是要網絡（networking）社會上不同人士去幫助一個小朋友，這樣才更有意義。」

「成功不必在我，功成其中有我」。這就是社會工作的另一層意義。

加入關愛孩子的行列

您願意為有需要的孩子提供一個暫時的安樂窩，照顧和關懷他們嗎？

只要您：

- 喜愛孩子，有照顧他們的能力及經驗

- 家庭生活愉快、身心健康、情緒穩定

- 家居安全整潔，並有足夠居住面積

- 夫婦其中一人為全職家庭照顧者

- 年齡在二十五歲以上

歡迎成為寄養家長，以愛心改變孩子的命運！

第五章　∴　# 心中畫，孩子情

「家庭 …… 大概就是我以前沒有的那些什麼吧！」

有過度活躍症的阿希初入宿時剛升中一，校園和生活環境翻天覆地的變化，令他更形沉默，如影子般的活著，在世上恍若隱形。

母親是年輕媽媽，十六七歲誕下阿希後便和伴侶分開；之後孩子在不同寄養家庭生活，和媽媽關係既血脈相連又若即若離。高小時母親再婚，阿希被接到一個陌生的家，除母親外，家人突然多了一個妹妹，以及嚴苛的繼父。

「當時父母和我也不知道什麼是過度活躍症。他們只是覺得我不讀書成績差，所以打我。其實我已很努力嘗試，但根本專注唔到。」

因為成績欠佳而不斷被繼父施以體罰，結果二零一四年被安排入住荷蘭宿舍，一住就是三年。年紀輕輕便活得像浮萍，十四歲的阿希心目中的家庭究竟是什麼？架著眼鏡、一臉孩子氣的他苦思良久也答不上來。「家庭 …… 大概就是我以前沒有的那些什麼吧！」

那些什麼，可以是母親一句由衷的讚賞，也可以是一雙垂聽的耳朵，以及，當某天放學回家時，他可以心無旁騖地放下沉重的書包、快樂忘形地大喊一聲：「我回來了啦！」，因為迎接他的將會是母親溫暖的目光。

阿希，這就是你過去沒有的一切，以及將來期盼擁有的家庭嗎？

「負面怪」上身

社工袁靈音處理過很多像阿希一樣有特殊需要兼家庭背景複雜的宿生。她知道要協助這些孩子改變和成長，付出的除了努力，還有無條件的耐性。

偏偏後者是現今家庭和學校環境中最缺乏的素質。因為專注力問題，阿希成績一落千丈，在校內亦不時有違規和擾亂課堂秩序的情形。然而在校老師忙於趕課程，在家父母又望子成龍，孩子只好將感受抑壓在內心。

「在我接觸過的有特殊需要宿生當中，他們的進展一般不會很快，而且過程中會有很多反覆和拉扯的時候。」袁姑娘強調，「要建立他們的自我形象，發掘他們的優勢和能力，其實需要好長時間。」

像阿希，初入宿時缺乏自信，對周遭的人和環境亦沒有安全感，受委屈時只會嚎啕大哭或對其他宿生怒目相向；情緒低落時便一個人魂不守舍地躲在宿舍一角悶聲不響，像隻受驚受傷的刺蝟。

「以前阿希好容易會跌進一個情緒的黑洞中。我們形容他這個情況為『負面怪』上身，就是他覺得自己是世界上最沒有價值的人，而且做什麼都是錯的。」袁姑娘補充，「始終他過去不斷從一個地方轉到另一個地方生活，成長經歷使他內心比較孤寂和欠缺安全感。」

阿希學會沉默，因為知道「說了也沒有用」；他覺得自己一文不值，是因為以前家中「沒有一句話是正面的」。

剛升中一時，阿希經常被逼溫書至凌晨一兩點才休息；每天放學回家，按門鈴的手指都在顫抖；若然看不到繼父的拖鞋，知道他原來放假在家，更是心驚膽戰，「又唔知會唔會攞衣架打我呢？」有次他忍不住要母親向繼父求情，卻換來繼父一陣冷嘲熱諷。

「你要我不打你嗎？你讀好書我就不打你了。但你根本不是讀書的材料，永遠都考包尾。」

這番話如萬箭穿心，阿希的眼眶即時泛滿淚水，但他強忍著叫自己不要哭出來。「之後我躲回房間裡哭，心想，自己在世上是否還有存在價值呢？」

成長的掙扎，一步一據點

建立孩子的價值和自我形象，第一步是進入他們的內心世界。阿希不擅辭令，於是袁姑娘安排他參加投射繪畫（Projective Drawing）小組，鼓勵他透過顏色和線條，抒發個人感受和認識自己。

「他有次畫樹，很大很大的一棵樹，在紙張的中間附近位置，佔了很多空間。樹是孩子心目中母親的形象，代表母親對他生命的影響。」袁姑娘解釋，「另外畫面中有一個人在樹下，和阿希討論時他表示樹其實是在保護人，而那個人就是他。」

透過類似活動，阿希開始了解自己和母親過去多年來的糾結，亦漸漸學會代入母親的角色，明白她作為年輕媽媽有很多說不出來的苦衷。

阿希坦言，「其實哪有母親不重視自己的孩子……她想我能上大學，而我只是希望她不要把我逼得太厲害。被人逼的感覺好辛苦。」

除了學會表達自己，家舍的團體生活亦令阿希享受到「家」的溫暖和樂趣。談起家舍的點滴趣事，少年人臉上綻放出快樂的笑容。

他說，有次去西貢露營，晚上狂風大作，幾乎要把營地吹散，大夥兒一邊按住帳篷，一邊協力圍爐煮食，狼狽中卻有種彼此同心的樂趣；另外平時袁姑娘一臉嚴肅，一次到塔門遠足時，有宿生開玩笑嚷著要「食屎」，她竟然拿起燒烤叉不斷拮起沿路的牛糞，說要檢查是否夠新鮮，令一眾宿生捧腹。

社工的耐心介入、團體生活的氛圍以及定時服藥的效用，令阿希慢慢找到學習的節奏和生活的規律，即使過程往往是「行三步退兩步」，但也是一步一據點，在悲喜苦樂之間，少年人摸著石頭過河般的成長過來，成績也有長足的進步。

上年中二一向成績欠佳的阿希全級考第二，消息由同學傳到他耳邊時，他忍不住「哇」一聲叫了出來。「成績貼在課室外的壁報板上，我立刻飛撲出去看，一看果然是考第二，連我自己也感到難以置信。」

當時阿希第一個念頭是跑到母親跟前，「好讓她有機會讚賞我。」母親對孩子的進步也感到很意外，一時三刻竟找不到合適的話語讚賞他，只是期期艾艾的道：「真的是考第二喔……」

「我當時好開心，因為那次是我人生中，母親第一次讚我。」阿希憶說，臉上寫滿自豪。

「至少多了好多花草樹木！」

阿希也曾擔心將來回到家裡生活會「打回原形」。然而此刻能遠離家中的壓力，少年人能好好喘息，過往被壓彎的腰板亦開始重新挺直過來。

要他以圖畫比喻自己的轉變，他如是說：「我剛入宿舍時，圖畫只有一片全灰色的天空。現在天色依然有點陰沉，但地上已多了一點色彩，至少多了好多花草樹木。」

他說，自己蠻喜歡化學科，亦有興趣弄一些和科學有關的小玩意。早陣子他跟同學到香港科技大學參加「水底機械人比賽」，勇奪亞軍後一行人在校園閒逛。大學設備先進豪華，環境臨山近海更是靈秀優美，加上一眾穿著入時的大學「哥哥姐姐」不斷擦身而過，令阿

希萌生要唸好書的理想。「讀大學似乎很不錯呢。」

他心底隱約明白，過去多年來母親對他的壓逼，背後其實隱藏著一片希望孩子能過上好日子的苦心。

讓孩子畫出心中的天地

問：為何你會使用投射繪畫（Projective Drawing）作為介入手法？

答（袁姑娘）：我覺得 Projective Drawing 很適合我們有特殊需要宿生，因為他們有時情緒比較混亂，而且語言表達能力亦普遍不強。尤其是男仔，他們一般也不是很習慣講自己的事情。相比一些單以語言為主要溝通工具的個人輔導，Projective Drawing 更易令他們表達內心的想法與感受。而且在敘事過程中，我們能把「人」與「問題」分開，讓案主能更自由、安全地表達自我，有助他們面對「問題」，或尋找與它共處的方式。

問：當中的過程又是怎麼樣的？

答：我會先跟他們傾偈，了解他們的想法，然後給予主題，讓他們就主題繪畫，如畫屋、樹、人等。過程中，我會留意年輕人的表現，以及畫作所呈現的東西。如樹是放在畫中哪個位

置呢？顏色的深淺程度如何呢？運筆時是力透紙背還是輕輕帶過呢？我會在過程中選擇一些重要的象徵符號，了解象徵符號對他們的意義，因為這些都是他們潛意識的反映、一些輔導員需要留意的客觀指標。

之後我會就畫作內容跟他們傾談，透過對話和提問，讓他們說出畫中的故事，在敘述的過程中，一步步進入他們的內心世界。一般而言，他們會從中洞察到一些自己平時也不為意或已遺忘的事情。傾談過程中，當事人感覺只是說出畫作的故事，而非直接談論自己，故他們會較易表達。其實繪畫時，年輕人會無形地將一些壓力和情緒放進畫中，是投射自己內心世界的過程，本身已有一定的疏導作用。

問：一般來說，這套手法需時多久才會初見成效？

答：我的經驗是，每節的面談後，當事人的情緒都會有所釋放，大概五至六節後，他們的自我意識（self-awareness）通常都會有所提升，能覺察到自己的一些變化，或自己嘗試作出一些改變。大約去到第八至十節，他們會洞察到自己內心的一些事情或想法之餘，亦會有新的感受和體會。當然，這很視乎年輕人對這套手法的接納程度。他們一般都不會很抗拒，但有時也會遇到困難。一來他們始終未必很習慣表達自己，二來有些年輕人的防禦機制比較強，需更多時間處理。

問：這是指單對單的治療，對嗎？

答：對。阿希參加的是小組，是另一種做法。如果手法是以小組
形式進行，我會多強調組員們之間的交流，透過彼此分享後
的回饋凝聚大家，建立一種互助的精神。另外，小組亦是一
個很好的工具，讓我評估哪些組員需要進一步的個別跟進。
始終年輕人不是很習慣單對單傾偈，先讓他們參加小組適應
一下，之後要再進深一步面談就比較容易了。

問：話說回來，有否一些孩子是你認為不適合接受投射繪畫治療
的？

答：雖然溝通工具不限於語言，但參加者仍需擁有基本的表達
能力。如果孩子在這方面的能力很弱，即連講說話也未 OK
的，Projective Drawing 的治療就很難奏效，因為此方式並非
單向地分析畫作內容和象徵意義，而是很重視畫者個人的詮
釋。然而，在我接觸過的孩子當中，這類情況是極少的。

反而我會留心孩子過去有否經歷過很多或較嚴重的創傷。雖
然 Projective Drawing 亦常用於處理創傷經歷，但我會小心考
慮，不會輕易將這套手法應用在這類孩子身上。因為繪畫的
過程很大機會會接觸到這些創傷，如果工作員的經驗和知識
不夠，除未能處理問題外，更會引發出很多嚴重的狀況。另
外，對於部分特別抗拒畫畫的年輕人，我亦不會選擇以此作
介入。

問：對比很多囿於面談室的輔導工作，在院舍環境內進行 Projective Drawing 的治療有哪些優勢和限制？

答：在院舍，我們和孩子在小組以外的時間也經常碰面，幾乎日日都見。好處是我可以多知道一些他們的生活片段，這有助我在輔導過程中跟他們傾談。但頻密的接觸也有不好的地方，就是可能我會先入為主地對孩子有一些主觀的想法。另外，作為宿舍職員，日常生活中少不免會處理一些紀律方面的問題。孩子會想：如果我在小組內開誠布公，之後你會否就某些事情責罰我呢？你又會否將我透露的秘密告訴屋企人呢？要讓他們能暢所欲言，平衡輔導和紀律之間的界線，當中有不少掙扎及考慮。

但一般而言，在面談開始前定下一些基本的界線，讓當事人感到有選擇及被尊重，或多或少有助減少相關憂慮。

第六章 ∴ **愛笑的憂鬱女孩**

「一路上就是不斷的哭……但我不會跟任何人訴說自己的不快樂。」

絲絲臉上經常掛著燦爛可愛的笑容，加上她熱愛運動，身形高挑的她舉手投足也散發著活力。在很多同學和老師眼中，這個十六歲的花季女孩可能是地球上最快樂的人。

「我在學校『傻下傻下』成日笑，人家也不知道其實我不快樂。」絲絲說。

不快樂，源自心中尚未修補的缺口。絲絲自小在不同院舍生活，父母長期不在身邊，莫名的失落令她覺得自己的生命如被磨破了洞的衣服，即使剪裁和顏色多漂亮，比起別人身上所穿的總是有所欠缺。

「從小到大，我也不敢告訴朋友我住在家舍。我擔心人家會問我很多問題，例如，你沒有父母嗎？他們是否遺棄了你？」孩提時她目睹同學們由父母接送放學，而自己就由校車直接送返家舍，感覺像是「一個人孤伶伶的在兩個監獄之間不斷來回往返，完全接觸不到外邊的世界」。

「那時我一直望著車窗外的天空，心中好想好想見到爹吥媽咪，一路上就是不斷的哭……但我不會跟任何人訴說自己的不快樂，因為我覺得世界上沒有我可以信任的人。」

升上中學，未解的心結令絲絲如雙面人般的生活著。表面上她笑口常開，是校內的運動健將，身邊永遠圍著一大班朋友，一副無憂無慮的模樣；然而同時她心中又有無數鬱結，腦海裡充斥著很多對自己和世界的悲觀想法。

為什麼我要住宿舍？為什麼沒有人關心我、開解我？為什麼自己不是名校生，成績又總是未如理想？「我把這些問題『收收埋埋』，每天廿四小時不斷的在想。」

加上青春期在人際關係和愛情方面的困惑，絲絲愛笑的面具背後其實掩藏著一張憂愁不安的臉。同學之間的紛爭，和男友吵架不斷，加上覺得老師總是針對自己，有段日子絲絲回到宿舍後便躲起來以淚洗臉。

在她要求和社工安排下，絲絲由初中開始接受臨床心理學家張珮怡姑娘的輔導。

懷著成長心態不斷自我適應

接觸初期，張姑娘留意到這位外表陽光的女孩其實心裡懷著強烈的自卑感。

「起初接近九成的談話內容都是負面的，」張姑娘回憶道，「如她很害怕同學知道她住家舍，怕同學會因而看不起她。甚至她之前有個要好的男友，她也不會向對方透露自己的狀況，怕男孩會嫌棄她。」

「但其實她有好多好吋的地方。她在運動比賽經常攞獎牌，又有好多朋友。」

張姑娘相信，即使我們無法擺脫過去，只要在認知和行為方面作出改變，誰都可以譜寫出不一樣的閃亮人生。

由於絲絲對自己和別人也有很多偏執的想法，張姑娘決定為她進行認知行為治療，透過面談，協助絲絲客觀地驗證一些想法的真確性。「我會細心聆聽她的故事，先認同她的感受，然後慢慢以發問引導她發掘事情的其他可能性。」

如當絲絲投訴老師對她「態度很差」甚至「無理取鬧」時，張姑娘便引導她反思：面對當時情境，老師心中會有哪些想法？他們的難處又是什麼？

當絲絲為自己讀書成績欠佳而鬱鬱寡歡，繼而埋怨自己天分不夠時，張姑娘又會跟她細心分析，何謂「成長型思維模式」（即相信人可以透過努力和練習不斷進步），而它又會如何影響一個人的學習表現。

當絲絲念及過去顛沛流離的童年時，張姑娘會鼓勵她採用自我適應（adaptive）的想法，對過往的經歷重新定義。「可能過去一些

成長的經歷並不理想，但它們亦給予我們很多啟發，讓我們面對生活。」

所謂「點石成金」，思維的轉換會引發行為的改變，繼而令事情得出不一樣的結果。張姑娘笑言，絲絲是個「反彈力」很強的孩子，也勇於改變自己的想法，經過一輪輔導後，負面思想——減少，情緒亦相應好轉。

「我們的宿生雖然過去有好多經歷，但他們的抗逆力其實好強，只要有合適的環境和適當的介入，他們會有很明顯的改變。」

生命的積厚，成長的過程

絲絲近年鍾情射箭，有時一口氣苦練六、七個小時也不覺辛苦。

她說，以前努力運動或多或少是渴望贏得獎牌和他人的肯定，現在她更願意為自己而射箭。「對準箭靶，一直不停的射，一枝接一枝，直到將心中不開心的情緒全部宣洩出來。」

早陣子她因為背部肌肉受傷而入院治療，不但好長一段時間不能做運動，連她萬分期待的射箭比賽也被逼缺席了。她回憶一個人住院的日子：「我最怕抽血，在睡夢中被護士吵醒要抽血，我嚇得眼淚流過不停。」

面對突如其來的打擊，絲絲心情儘管難過，但已找到平衡的竅門。「我喜歡在自己的掌心寫上努力的字句，然後日日望著手板鼓勵

自己。」絲絲笑道。

出院後復課當日，功課堆積如山，又要面對排山倒海的默書和測驗，絲絲壓力大得連飯也吃不下。「我跟自己說，只要我把今天的困難處理掉，明天我便再也不用面對它們了。我咬緊牙關努力做做做，到放學時真的把所有工作完成了。那一刻我大大的鬆了一口氣，感到前所未有的輕快！」

面對在宿舍成長的過去，絲絲亦學會接納，並開始領略箇中對她生命的啟發。「我學習不要埋怨，就已發生的事，不要再怪責自己和屋企人。」

隨著年齡漸長，絲絲更懂得自理，人亦變得獨立。對母親和家人，絲絲除了偶爾抱怨幾句，現在更多是關心，以及一份「大姐姐」的責任感。

「其實我不時也有悲觀的情緒，但同時亦有樂觀的一面。我會不斷用快樂掩埋我的不開心。」

一層鋪上一層，生命的積厚，就是成長的過程。

建立治療關係由聆聽開始

問：在兒童和青少年院舍工作，通常會遇到什麼類型的孩子？
年輕人可能比較反叛，如何和他們建立和維持治療關係
(therapeutic alliance)？

答（張姑娘）：我接觸的孩子大致可分成三大類。第一類是主動
要求服務的宿生。他們可能心中有一些疑問，急需知道答
案。和這類孩子建立關係比較容易，主要是和他們就輔導目
標達成共識，面談時讓他們多作主導。年輕人好得意，平時
可能一副漫不經心的模樣，但其實求知慾好強。如果他們心
中有難題要解答，會表現得好主動。

問：年輕人多數會問哪些問題？

答：他們會問，人生的意義是什麼呢？（筆者嘩然：咁犀利！）
對呀（笑）。不過再發掘下去，你會發現兩個情況。其一是
可能年輕人情緒有點低落，甚至已出現早期的抑鬱狀況，要
小心處理。另外就是他們在成長過程中，可能失去了目標，
或有目標卻不知如何達到，所以感到困惑。

問：第二類孩子呢？

答：第二類孩子是由社工轉介，而本身亦覺得有需要的年輕人。
這類孩子往往被一些學業或社交等問題困擾，覺得好辛苦，

感到不開心和無助，於是求助目的很清楚，就是希望能減輕痛苦。他們的主動性同樣好強，而焦點通常會放在解決困難和問題上。

問：有沒有一些例子？

答：他們會想，自己有特殊需要，或原生家庭有困難，這些情況都是無法改變的。這時認知行為治療（CBT）便是很好的一個介入手法，因為可讓年輕人明白，即使有些客觀事實是無法改變的，我們可以改變自己的想法和行為，令生活出現變化。

具體的例子是，有些孩子可能因為種種原因，在學業上未能有突出的表現，但本身其實有很多長處，如畫畫和運動等，這時我們可以引導他們發展這些優勢，而非只是將注意力集中在問題上。

問：有沒有年輕人是很抗拒接受輔導服務的？

答：也遇到過很多呀。他們往往是第三類孩子，即社工同事覺得有需要，但當事人接受輔導的動機很低。有部分孩子直到最後，我也是無法跟他們建立輔導關係的。我會坦白告訴他們，治療是以合作模式進行，如果他們目前真的不願意接受輔導，我會尊重他們的決定，而日後他們若覺得有需要可再來找我。

亦有年輕人想嘗試其他形式的輔導服務，如音樂或藝術治療等。如碰到這些個案，同事會申請轉介，或視乎資源以個別或小組形式讓他們在宿舍內參與。其實服務的選擇有很多，如學校有心理輔導員，社會福利署、醫管局和一些非政府機構也有臨床心理輔導服務提供。

問：和年輕人建立輔導關係有沒有什麼秘訣？

答：我會從聆聽開始。我會花很多時間去聽，一方面是跟他們建立關係，另一方面是要搜集和儲存資料，以便將來可以跟他們印證、回顧和檢討經驗中可能出現過的一些矛盾的地方。

問：作為臨床心理學家，你在兒童和青少年院舍服務扮演什麼角色？

答：因為我有機會進入院舍的不同單位工作，所以我知道院舍的一些限制，如活動流程和同事人手比例等情況，而我會根據這些資料，制定治療計劃，讓治療配合院舍的運作。我也會跟同事分享一些有關特殊需要宿生的新知識，令同工在介入時更了解宿生的情況。

問：最後，就兒童和青少年院舍的服務，你有什麼看法？

答：坊間一直有個誤解，就是以為小朋友要住院舍是因為他們自己有問題。但現實是有些家庭未能為孩子提供一個合適的成

長環境，而宿舍是讓他們能夠安全地成長，並學習到如何與人相處的地方。

我想告訴大家，住在我們這裡的，都是需要被愛的好孩子。

第七章 ⋮ **慳妹**

豎心旁邊一個堅字

十八歲的小男在宿舍有「慳妹」的美譽。節儉的美德，源自缺乏的過去。「小時候爸爸試過三日三夜沒有回家，結果我和阿妹三日冇飯食。」皮膚黝黑，一副運動員體格的小男回憶說。

她和妹妹唯有先把家中的白糖吃光，然後喝自來水和食鹽充飢。「但我從小到大也不會好憎或好嬲爹哋。細個生日也不會奢求吃生日蛋糕，有次他帶我到屋企樓下便利店吃雞脾，我已覺得好開心。」

當時她父母染上濫藥惡習，家中經濟拮据非常。有次父親塞二十元給小男，著她和妹妹去買零食，小女孩卻悄悄把錢放回父親銀包，因為她擔心父親會身無分文。多年後爸爸舊事重提，小男心頭一陣溫暖。「原來爸爸一直有將這件事記在心上，知道自己有個孝順的女兒。」

「慳」字，豎心旁邊一個堅字。堅強地面對挑戰，同時抱持永不言棄的愛心，令小男由一位終日挨餓也不敢作聲的黃毛小丫頭，蛻變成一個為自己和家人努力打拼的堅毅少女。

家 ● 散

　　小男在家中排行第二，上有比她年長兩歲的哥哥，下有比她小四歲的妹妹。記憶中，父母在家不是爭吵便是打架。某次母親帶了幾個男人回家喝酒，之後和爸爸發生衝突。三兄妹躲進房間瑟縮一角，最後母親揮刀斬向父親，父親斷了肋骨送院。

　　小男記得，當天是她七歲生日。

　　小學三年級時，父母離婚，哥哥搬到外婆家住，之後兩姊妹便過著有一餐沒一餐的日子。「爸爸不想我們目睹他在家中吸毒，於是叫我們落街玩。但街上又焗又熱，我們唯有返上樓，在走廊玩耍或徘徊。鄰居有位姓曾的叔叔知道我們的境況，不時請我們吃飯或送我們零食。」

　　除了捱餓，兩姊妹亦經常受到爸爸的女朋友打罵。家庭環境惡劣，令小男缺課的日子比上學的時間還要多。「爸爸不會接送我返學，有時自己遲了起床，覺得遲到『好樣衰』，便索性不回校了。」試過小男生病，父親也不予理會，任由她在睡房休息和嘔吐，直至自行痊癒。

　　孩子的姑媽看不過眼，不時過來照顧兩姊妹，替小男繳付學校的膳食費用，並到超市買食物給她們。「但妹妹通常會一次過吃清光。」小男笑說。

　　然而「長貧難顧」，加上姑媽也有自己的家庭要看顧，最後兩姊

妹先後入住宿舍。未幾父親亦因為販毒而被判入獄，家庭完全四分五裂了。馬可紀念之家的社工 Jackie（陳虹秀）鼓勵小男畫一幅家庭圖，了解自己的原生家庭。

她為圖畫起了一個令人心疼的標題：「家 • 散」。

抉擇的力量

小男說剛入宿時自己是白紙一張。「當時一切也由零開始，生活也沒有所謂開心或不開心，總之就是一無所有。」她說，「起初我完全不會跟人聊天，亦不想認識新朋友。」

Jackie 深諳女孩沉默背後脆弱的一面。「宿舍很多小朋友家庭背景比較複雜，成長過程中很容易行差踏錯，但小男沒有選擇這條路。」過去七年來一直陪伴著小男成長的 Jackie 說，「但另一方面，她不會主動表達自己的需要，有時只為別人著想，遇到無法解決的問題時，也不會找人幫忙。」

如小男自小三開始已有近視，但她一直不敢告訴別人，直到中一才配戴眼鏡，結果嚴重影響了學業；童年時她為了保護父親，避免人家知道他濫藥而把孩子獨留家中，甚至寧願捱餓也不敢向鄰居求救。

「女孩子多年來求助無門，或即使求救了亦無人理會，日積月累下漸漸有了『開聲都冇用』的想法，結果最後養成遇事時索性『連問也不問』的習慣了。」

期望持續落空影響孩子對人的信念，結果養成封閉自己的習慣。Jackie 以沙維雅成長模式的信念和輔導技巧，協助小男尋找生命支點去克服成長中的困難。

她表示，馬可同工有五大信念：一、人人皆生而平等；二、我們擁有足夠的內在資源；三、我們是有選擇的；四、改變是有可能的；以及五、難題本身不是問題，如何應付才是問題。

「透過家舍生活，小男開始正視過去經歷對自己的影響。起初她不容易面對自己的缺點或做錯事，但現在已學會勇敢面對，亦相信自己是有選擇的，改變是有可能的。」

同時宿舍安穩的生活環境，亦令她學習敞開心扉，讓他人接觸和了解自己。「因為在宿舍得到別人關心，我才慢慢學會開放自己，人漸漸變得多話起來。」小男說。

宿舍無私奉獻的義工和層出不窮的康樂活動，令小男在充實自己之餘，亦得到了以往缺乏的社交支援。「一班人一齊住，起碼不會悶，」她笑言：「我想就算是一個健康正常的家庭，也不會像我們一樣經常去行山和露營吧！」

成長過程不會一帆風順。中二時小男得悉母親再婚並育有三個孩子，心情莫名地沉重起來。終日鬱鬱寡歡的小男經常放學後和同學流連公園，情緒和行為亦不大穩定。

當時學校有位老師邀請瘦削弱小、沉默寡言的小男加入學校的

划艇隊，並鼓勵她說：「以前老師的成長環境也不理想。然而即使在不完整的家庭中成長，人也可以活得成功和有意義。最重要是自己如何去選擇。」

這番話如當頭棒喝，深深的影響了小男。「我決定不會給自己藉口學壞。」她斬釘截鐵的說。

被激發鬥心的小男習慣把自己的日程表填得滿滿。有段時間，她被挑選參加體育學院的划艇訓練，訓練由早上六時開始，一星期三日，地點是火炭的體育學院。曙光初露，小男便要從將軍澳的宿舍出發。

她直言當時日子過得「好劫、好忙」。除了划艇外，她還要補習、跑步、學琴，以及考取不同證書如拯溺和急救等。高中時，她更把握課餘時間兼職救生員，賺取家用之餘，也可累積工作經驗。

「我小時候好少返學，學業根基打得不好，中英數成績一直好差。我好想多學一些東西充實自己，或者對自己將來工作有幫助。」

「一家人齊齊整整地過生活，互相信任」

剛完成中學文憑試的小男正面對著人生多道選擇題。一方面要確認接下來的進修方向，預備自力更生，另一方面要著手準備日後離院的安排。

關於前者，一直都是運動健將的小男目標明確。「我會讀職業訓

練局有關健體和運動的課程，」之前她更得到公益金資助，修讀瑜伽導師課程，日後或有機會開班授徒。「一來運動是自己的興趣，二來自己亦有信心勝任。」

至於離院安排，要考慮的因素可謂更多更複雜。前年才出獄的父親表示已靠著信仰成功戒毒，但多年來多次的失望，令小男仍未有足夠信心回家。其實，小男心中一直沒有放棄過父親。

當父親身陷囹圄時，小男曾畫畫和製作鎖匙扣鼓勵他。「我中學時有修讀視藝科，」她一臉驕傲地說，「是遺傳了父親的天分。爸爸很厲害，畫畫的功夫都是自修回來的。現在他會幫教會設計標誌，有時亦會替婚禮的新人畫畫像。」

始終「一家人齊齊整整地過生活，互相信任」，一直是小男夢寐以求的生活圖畫。「以前一家人雖然好少有機會見面，但每次見面時大家也不會感到陌生或生疏，彼此依然好好感情，大家會有傾有講，互問近況。」

她直言多年來父親、哥哥、妹妹和自己各散東西，大家如果要再次生活在同一屋簷下，難免需要更多時間建立互信。「我已經長大了，希望能擔起溝通的橋樑，多約屋企人相聚。」

「既然小時候大家一起生活的回憶已不多，希望他日有機會重聚時，大家不要再浪費這份感情了。」

第八章 ⋮ # 以有限換無限

建立生命，無比偉大

「什麼時候開始當寄養姨姨？」

「二零零四年，六月十八日。」伍太不假思索便回答。

一個永遠鏤刻在心上的日子，亦是人生下半場的轉捩點。自此，伍太成為寄養家長，本來育有兩子的她，家中多了一個孩子：一個她視如己出，過去十二年為其付出無數血汗的「波士 BB」。

「我想，自己付出有限的時間，為孩子建立一個有無限可能的將來，不是很有意思嗎？」伍太微笑道，「其實看到孩子成長，是很快樂的事。」

快樂，因為一切都是為了孩子。建立生命，從來都是無比偉大的事業。

「只要肯『出心』，便一定做得到！」

照片中 Andrew 一張白胖的笑臉朝氣勃勃，很難想像十二年前

他是個百病纏身的 BB。從醫院的新生嬰兒特別護理病房來到伍太手中時，Andrew 體重只有一點六八公斤。「他出世後五十日我接他回家，當時他進食和睡眠的情況也不理想，是一段頗為艱難的歲月。」

黃希蔚姑娘是香港學生輔助會寄養服務的社工，見證著 Andrew 在伍太家中成長的點滴。

「從社署接手轉介後，我會先聯絡小朋友的轉介社工，了解小朋友的需要和特性。之後便會根據寄養家長的能力進行配對，目的是避免出現姨姨『中途唔湊』的情況。」黃姑娘解釋。

「入住後，我每個月會家訪寄養家庭至少一次，了解小朋友的適應情況，亦會聆聽姨姨的意見。如有時寄養家長觀察到孩子說話有困難或走路不穩，我便會協助跟進並安排評估；有時亦會向他們提供一些關於學校和管教的資訊。」

伍太也不是沒有心理準備的。需要寄養家庭服務的孩子，背景一般比較特殊或複雜，需要照顧者付出更多的時間和耐心。

「當時有意見指孩子才出生不久，以其身體狀況，是否適合由寄養家庭照顧呢？但我有信心，很多事情只要肯『出心』，便一定做得到！」伍太說來一臉自豪。

醫生說 Andrew 的生長線低於一般水平，發展比較遲緩，伍太聽在耳裡，心中發願：一定要把這個孩子帶好。「他廿二個月才識行，三歲才識講嘢，」伍太笑著回憶，「湊小朋友本來就不是容易的

事，唯有用耐心慢慢培育他。凡事要做好，也需要時間和堅持吧。」

偏偏孩子的成長波折重重。幼稚園二年班時，Andrew 開始出現過度活躍症的徵狀，如「坐唔定」和容易分心等。之後經黃姑娘與轉介社工細心分析並在監護人同意下，Andrew 接受香港學生輔助會的臨床心理評估服務，發現他原來患有輕度智力障礙。

伍太恍然大悟：「有時孩子的行為非常固執，起初我以為他有自閉症，但原來是因為他的理解能力不足，無法跟人有效溝通。」

以兒童的需要為本

黃姑娘說，一般家長及照顧者很難接受孩子智力低於一般水平，同時頭上滿是問號。孩子會否被歧視？要入讀哪些學校才適合孩子？「社工可以做的，除了提供情緒支援外，亦需盡力解釋孩子當下面對的困難以及可供選擇的解決方案。」她表示，Andrew 轉讀特殊學校後，心情開朗不少，不但不再抗拒上課，亦積極參與校內不同活動。

黃姑娘強調，「寄養家長與寄養兒童都是重要的工作伙伴，二人的聲音同樣重要。」因此，她鼓勵雙方多表達想法和參與討論。「過程中 Andrew 自由地表達自己，伍太亦總是很有耐性地聆聽孩子分享。」

對伍太而言，Andrew 有特殊需要與否，對她帶好孩子的決心不會有半分動搖。「我都是為小朋友著想，照顧他的身體、飲食、學

習，原則是不要剝奪他的需要，亦要配合他的需要。」

Andrew 體弱多病，三歲前不斷進出醫務所。「他一打噴嚏或流鼻水，我便擔心不已。」伍太索性中西合璧，每次孩子身體好轉後便煲鱷魚肉湯給他喝，或帶他睇中醫飲苦茶，固本培元。

「人家問我，小孩子怎肯喝苦茶？我答：時間囉，用時間慢慢訓練他。深呼吸，一骨碌喝下去，然後我獎他一粒嘉應子或其他什麼。我的想法是，多花心機搞好身體，情緒和行為會慢慢進步。這幾方面好了，成績自然會好。」

Andrew 自四歲起參加過的興趣班多不勝數，由高球運動、草地滾球、兒童合唱團、繪畫到鋼琴，可謂文武兼備。「我希望 Andrew 可以投入學習生活，有紀律，懂得聽指示和不會搗亂，」伍太強調：「我不是要做怪獸家長，而是想孩子找到適合他自己的活動和興趣，充實一下自己，並知道自己真正喜歡的是什麼。」

「人要找到自己的亮點，好好發揮長處，否則人生沒有目標便會百無聊賴。」

給予寄養孩子健康的家庭生活，亦是伍太堅持要做到的。Andrew 小時候最愛到迪欣湖遊玩，伍太說：「他很固執，喜歡的東西便要不斷重複做下去，直到生厭為止。當時我們幾乎逢星期六都去迪欣湖，去到我筋疲力盡。」

然而聰明的伍太又會巧妙地讓孩子「寓學習於遊玩」。有好長一

段時間 Andrew 熱愛電車，於是每逢假日，伍太便會陪同孩子由元朗的家乘坐西鐵到中環，午餐後到石塘咀屈地街的電車總站搭「叮叮」往北角。

路漫漫，窗外風景緩緩流動，伍太擦著汗，看著 Andrew 的笑靨，疲累但不覺苦，心中記掛的是孩子的性情。「我希望能藉此訓練他的耐性。」

伍太的丈夫默默看在眼裡，有時也會心疼太太操勞。任職司機的他唯有盡量利用工餘或假期的時間，「務實」地分擔太太的工作。如當太太要做家務和煮飯時，他便會主動帶 Andrew 到附近公園「放電」；有時香港學生輔助會舉辦寄養家庭活動或講座，協助家長進一步認識孩子的需要，他又會陪同太太積極參與。

「我知道她很辛苦，但又不敢叫她不做，」他笑道，「因為這是她唯一的興趣。」

伍太直言自己從未有過放棄的念頭。「寄養家長不是一份工作，不是一個職業。我和這個小朋友有緣，有機會服務他，是一份使命。」

都有一條回家的路

今天 Andrew 已是個十三歲的小伙子，在特殊學校唸初中。孩子踏入青春期，伍太自覺要肩負起新的責任。「他要學習守規矩，知道做事要承擔後果，犯錯了要懂得反思。」

Andrew 每個月有一百元零用錢，有時亂買東西，錢花多了要求「預支」，伍太一口拒絕：「怎可以先洗未來錢！」但反對之餘，她又會乘機跟孩子講數：你不是想要一部 iPad 嗎？我可以買給你，但之後你不准亂買東西，要每個月以零用錢還。孩子屈指一算後大叫：「那我豈不是要到中五才再有零用錢？」

最後 Andrew 接受了伍太的條件，家中多了部 iPad，而孩子果然改善了亂花錢的陋習。伍太又定下家規：每天不可以玩電子產品超過兩個小時。可以一口氣玩，或分開不同時段玩，但每晚九時前必須關機。「他現在好叻，是『駁嘴博士』，要教他你個腦一定要轉得比他快。」

幾個月前，伍太一家又迎來另一位寄養孩子，一個只有幾歲大、還會在梳化上蹦蹦亂跳的小豆丁。在很多人眼中是苦不堪言的差事，伍太卻好像樂此不疲。「我們無法決定一個孩子的命運，但可以改寫他的童年。」

像 Andrew 的際遇，因為遇上伍太這個寄養姨姨，一生便被改寫了。

本來剛出生便無所依靠的生命，現在不管日後際遇如何，不論去到何方，都有一條回家的路。「我跟 Andrew 說，就算他年滿十八歲要離開這裡，他放假時也可回來生活。在我有生之年，他永遠是這個家庭的一份子。」

回家篇

第九章 : **粉紅救兵**

缺了關鍵一塊的童年

小天喜歡畫畫。

瘦削的孩子，一個人，架著眼鏡坐在宿舍靠窗的藍色長枱前，隨興之所至，一筆一畫勾勒腦海裡的風景；有時是熱鬧活潑的街景，有時是點綴著漆黑晚空的閃閃繁星。

他什麼也愛畫，也畫得栩栩如生，除了心中某幅圖畫，像缺了關鍵一塊的砌圖，他至今依然感到茫然。

那是四年前一個平常的夜晚，萬家燈火像城市溫暖的燭光。

當時十歲的小天一個人躺在床上發呆。突然窗外接二連三傳來巨響，然後是急速的拍門聲，是警察挨家逐戶地查問，家裡是否有人不見了？「爸爸呢？」小天驀然驚覺父親不在單位內，不祥的預感籠罩心頭，他當場哭了出來。

事過境遷，小天憶起那個晚上，仍是一臉不解。

他說，父親是好爸爸，很會照顧和痛錫他。回憶中，六歲時爸爸帶他到沙灘玩，當時的藍天和白雲，是鏤刻在他心中的美好回憶。「直到現在，我也不知道爸爸為什麼要離開我們。」

當晚輕生的，還有父親的女友，二人也有濫藥的紀錄。隨著一聲巨響，自小父母離異的小天的童年再次被震得粉碎。

承受著喪子之痛的嫲嫲終日以淚洗臉，家中一片愁雲慘霧。「看見嫲嫲不停在哭，我也很害怕……」本身患有專注力不足和過度活躍症的小天，唯有發脾氣去宣洩內心的恐懼和憂慮，亦不願做功課和上學。

面對情緒失控的孩子，嫲嫲和老師束手無策。一年後，小天經社工轉介，來到東灣莫羅瑞華學校，並在石壁宿舍寄宿。

重新活得像個孩子

「小天很害怕再次失去一些什麼……」社工楊紹華說，「孩子從小到大，經歷了多次得而復失的情況，如父母對他作出承諾，說要照顧他、要重新做人不再行差踏錯等等，結果卻是一次又一次的失望。」

楊 sir 是宿舍經驗豐富的社工之一。然而得悉小天複雜的家庭背景後，心中亦不免忐忑。有時看到小天獨個兒坐在家舍的窗邊發呆，也不知是在想念父親還是嫲嫲。他想，如何協助一個情感纖細的孩子走出喪父的陰霾，重新活得像一個孩子呢？

　　這是社工專業上的挑戰，也是楊 sir 面對一個懷著心理創傷的孩子時真切的期盼。「大人的事大人處理，小朋友就要過回小朋友的生活。」這是楊 sir 的工作信念，「我們的工作，就是為孩子提供一個穩定、安全、不經常轉變的成長環境。」

　　其次是協助孩子發掘潛能，透過了解自己而學懂體諒別人。「當時小天是小學生，這個年紀應該盡情去學習和探索世界。小孩子面前有很多可能性，可以在讀書、藝術、運動等不同方面有很多發展。只要他完成了學業上的責任，其餘時間也會鼓勵他作不同嘗試。」

　　小天是個很「文藝」的孩子，在導師細心引導下，很快便在繪畫方面展現過人的天分，更多次在公開比賽贏得獎項。「我不開心時便會隨手拿起紙張坐下來作畫，畫什麼也無所謂。」小天說，「繪畫令我可以平心靜氣下來，先在腦海裡構思題材，然後好專注地畫，覺得畫夠了便停。」

　　初時小天畫作的色調傾向灰或黑色，反映內心尚未撫平的創傷。「當時自己比較灰，亦不時有自殺的念頭。爸爸走了，雖然有很多人關心我，但我仍是很不明白，覺得世上沒有人可以幫到我。」

　　除了繪畫，音樂亦是小天的最愛。功課自修和小組活動之間的自由時間，是他沉醉在音樂世界的快樂時光。

　　有時一個人躲在鋼琴後「叮叮咚咚」的自得其樂，最愛是貝多芬的《月光奏鳴曲》和莫扎特的《致愛麗絲》；心情低落時他特別鍾情卡農（Canon in D），愛其來回往返的優美旋律，如聲聲溫柔的鼓

勵,「可以令自己開心一點」。

自信地説出自己不快樂

漸漸,小天的畫作多了色彩,琴聲亦活潑起來。社工的陪伴,加上有規律的生活環境,小天漸漸打開心窗,找回安全感之餘,對別人亦多了體恤和關心。

小天回想自己剛入住宿舍時不能外出,嫲嫲每星期也會長途跋涉從油塘到石壁探望他。即使路途遙遠,手上永遠捧著一大袋他愛吃的水果。「其實嫲嫲經常照顧我,亦很努力關心我的感受。」

宿舍內每個房間住四、五個孩子,細心的小天被委任為「房長」,負責督促同房的小朋友處理舍內的雜務,如洗碗抹枱等日常工作。

孩子很容易覺得待遇不公或受到委屈,經常在當值做家務時吵得面紅耳赤。「我會主動問他們發生什麼事,有時陪他們一起完成工作。」小天笑言,「其實大家只要覺得有人肯幫自己,心情便會好很多了。」

最令小天印象深刻的是一名患有自閉症的室友。在室友身上,小天看見過去的自己:不會表達情緒,不開心時就躲起來或逃避,即使別人願意關心和慰問他,自己也會覺得是挑釁,最後情緒如刺破的氣球一發不可收拾。

面對其他孩子的痛苦，小天感同身受。

「我看見他不開心但不會說出來，因為不想人知道，甚至刻意裝成高興的樣子，好讓大家不要關心、理會他。」小天說因為這名室友，令他希望將來能當社工，服務患有自閉症的孩童。「我知道自閉症是無法根治的，但我希望可以令他們多一點自信，向別人說出自己的不快樂。」

楊 sir 目睹善感的小天關顧同學的行為，打從心底裡欣賞這孩子。「這不是他〔作為房長〕的職責。」他解釋，「是小天本身性格使然，見到同學有情緒於是主動去關心。」

粉紅色人生

二零一六年學校捲入搬遷爭議，有屯門中學校長和區議員指群育學校的學生不受控制，會參與黑社會和性濫交云云，所以反對他們遷至該區。小天當時勇敢地接受不同媒體訪問，代表同學、社工和老師解釋學校的情況和理念。

「其實很多同學也有純品的一面。他們看起來比較活躍，但不一定就是不乖的孩子。他們不是壞，只是需要另一種照顧方法。」

其實每個孩子也有面對逆境的能耐，而受傷的心靈，復元過後更能安慰人心。

小天表示，他的理想是有朝一日回宿舍當社工，跟有特殊需要

和問題行為的孩子一起生活、傾偈,「這樣生活就很足夠了。」

楊 sir 笑言,少年人要有大志,他朝小天回宿舍當社工,一定要做他上司。

原來小天和楊 sir 同樣鍾情粉紅色。楊 sir 有時在宿舍穿粉紅色的襯衣上班,常被孩子們取笑。至於小天,他覺得粉紅色最能代表自己目前的狀況。

「現在我變得開朗了,生活好像夾雜了白色和紅色。前者代表純真,可以展現自己真的一面;後者代表熱情,以及對人的關心。」

可以想像,二三十年後,操場上有兩個粉紅色的男人,一老一嫩,在孩子堆中,繼續播下希望的種子。

尋解導向,能耐為本

問:宿舍的同工會使用哪些介入手法,服務不同背景且懷著創傷的孩子?

答(楊 sir):以前是五花八門,各個同事按經驗和需要各施各法。但近幾年院長鼓勵我們嘗試採用 solution focused(尋解導向治療)或類似的手法。該手法的好處是不強調孩子的能

力和家庭背景，而著眼於他們自身的成功經驗，所以比較容易應用在我們的小朋友身上。

很多介入理論也牽涉到個案的家庭系統，問題是我們一些小朋友的原生家庭並非整全，背景比較複雜，有時家人亦不願意配合。而在宿舍，我們可以廿四小時跟孩子接觸，那何不將焦點放回孩子身上，多著眼於他們的能耐呢？

問：你就是採用類似手法協助小天嗎？

答：也有其他的介入手法，如心理輔導，由臨床心理學家處理小天和嬤嬤的關係。但在宿舍裡，我看重的是小天本身的能耐，如他在藝術方面的天分，並讓他在音樂、繪畫等才能上好好發揮。

孩子也有不開心的時候，如想起爸爸時會發脾氣、鬧人、掟野，甚至躲在被褥下不返學等。那時我會問小天，過去有沒有一些例子，是即使心中想念爸爸，但依然能夠返學或不發脾氣呢？以前遇上不快事時，你會用什麼方法面對？

他說不開心時畫畫，心情會平靜下來。我說那就畫畫好了，完成作品後可以寄給嬤嬤，可以用來交功課，或參加比賽。之後他不開心，我們便讓他畫畫，讓這個不發脾氣的成功經驗不斷循環，並成為習慣。

問：這個方法在小天身上很奏效。但其他孩子呢？有些小朋友的表達能力不高，亦未發展出強烈的個人興趣。

答：我想起一個和小天同期進來宿舍的孩子，同樣面對喪親的傷痛，但反應可謂南轅北轍。這個孩子年紀較小，只有小學二年班，一感到不開心便躲起來收埋自己。

試過有次準備開飯，他因為未能與喜歡的同學毗鄰而坐，一聲不響便走開了。當時導師不能置其他同學於不顧，但又擔心他的安危，很是狼狽。最後我們在床下底找回他，並知道這就是他解決情緒的方法，就是要一個空間，別人不能接觸到他，慢慢他就會平復下來。

之後我們問他，以前他有情緒時怎麼辦？他說以前學校校長室門外有個位置，他有情緒時便會在那裡坐下來。於是大家和孩子有個共識，就是當他不開心時，可以到我們的值日室去，起碼我們知道那是一個安全的地方，而且沒同學能騷擾他。

之後我們又跟他商量，冷靜的時間可否慢慢縮短一點？結果這位同學在我們宿舍住了三年，現在升五年班，不開心時會躲回房間坐在床上冷靜，大約十分鐘後便會自己走出來，是很大的進步。

問：孩子的改善需要一點一滴的累積。你們的介入計劃有時間表嗎？

答：我們的大原則是希望孩子能夠盡快重返主流學校，在宿舍接受服務的時間大約二至三年。另外也有短適服務，是大約一年時間的介入，在接受服務期間，孩子仍在原校保留學位。短適課程學生的學業成績一般不會與主流學校的水平有太大落差，家庭支援亦相對足夠，如完成課程後情況有改善，便會返回原校就讀。

剛才提到的那個孩子，在成績方面我很有信心他可以追得上主流學校的水平。但他情緒方面的問題，外邊的老師和社工有否足夠的空間處理呢？這方面我覺得孩子還未準備好。現時大方向是融合教育，但個別的孩子還是需要個別的照顧。

第十章 ⋮ **孩子的園丁**

使萬物互相效力

社工，真像孩子的園丁。

園丁的工作可不止除草那麼簡單。該在哪個時節栽種哪些花果？如何避免使用化學劑除蟲但又能確保花草樹木健康成長？如何讓園內不同生態系統的動植物健康地共生共存？這些統統都是園丁要解答的難題。

同樣，社工要孩子成長，不能只是一個人埋頭苦幹。如何連結和運用不同助人專業者的知識，安排合適的環境讓孩子發揮自身的優勢，除需要基本輔導技巧外，還要有像園丁一樣使萬物互相效力的能耐。

「其實社工的工作本來就是要連繫不同人和各種資源，目的是為個案充權以及為他們的家庭帶來改變。」社工簡詠妍姑娘說。

簡姑娘是厚德兒童之家的個案經理，負責綜觀和協調不同持分者的工作，讓大家目標一致地分工合作，協助孩子。

「作為個案社工，我覺得單靠輔導以及孩子的努力去達至長遠的改變是很困難的。很多問題已是積壓良久，特別是我們的個案，在固有的困難中已生活了好長一段時間，成長過程中亦沒有什麼成功經驗。」

「所以我們必需和不同單位合作，包括前線同事、家庭社工、社區內其他 NGO、學校和教會等，希望孩子可以得到支援，維持他們在院舍或寄養家庭中所經驗到的學習和轉變。」

多方向、多層面的介入

十九歲單親的阿姍，母親為智障人士。母親對誰是阿姍的父親隻字不提，更因為年紀輕輕便誕下女兒而與家人鬧翻。

阿姍自小學三年級開始便入住兒童之家生活。她解釋：「當時我去朋友家玩，玩到好夜，阿媽找不到我便報警，之後去了醫院，最後輾轉間便來到院舍了。」

結果一住，就是九年。

一年前阿姍因為成年要離開宿舍，一班同工很擔心她未必適應社區的生活。要面對的難題一大籮：哪類型的工作比較適合阿姍？她母親未能扮演照顧者的角色，日後家頭細務和財政安排由誰來打理？

就職志發展方面，家舍導師早已未雨綢繆，當發現阿姍學習能力較弱時，便協助她轉讀職業訓練學校。簡姑娘又跟學校社工緊密聯

繁，一方面改善阿姍遲到和逃課的紀律問題，另一方面給予她實習和兼職機會，好讓她了解和適應不同工作環境。

「起初阿姍好想到青少年中心當活動助理，我們便安排她到相熟的中心做義工和實習，好讓她明白在社福機構工作究竟是怎麼樣的一回事。」簡姑娘說。

阿姍和母親的自理能力較弱，加上經濟資源匱乏，簡姑娘便和家庭社工合作，定期家訪，了解她們在日常生活中遇到的困難。

「我和同事很擔心阿姍一離開家舍生活便會出亂子，於是一直也有教導她一些基本生活技能如煮飯執屋等。」簡姑娘說，「我們從多個方向進行不同的介入，有時不止教阿女，亦會教她母親一些正確的理財知識和價值觀。」

社會是個大染缸，土壤不理想，年輕人不免受到影響。簡姑娘直言要協助年輕人抗衡外部環境的「污染」，是很花心力的工作。加上離舍的日子迫在眉睫，如何裝備年輕人，好讓她在沒有導師和社工督促的日子裡保守自己的心，成為簡姑娘的工作重點。

敘事治療相簿，重寫生命故事

簡姑娘發現阿姍一個很突出的優點。

「這個孩子一路成長過來都有很多困難，無論在家庭還是學校方面都是挑戰重重。但在和她同行的過程中，我發現她對身邊的人和事

都很珍惜。」

「她跟人相處的方式真誠而簡單。人家對她好，不論是社工、導師還是朋友，她會好感恩。我非常欣賞她這一點。」於是在阿姍要離開家舍前的三個月，簡姑娘決定和她一起製作一本紀念冊。

這是簡姑娘為阿姍度身訂做的一套介入手法：透過照片和簡單的文字，協助女孩回顧自己的成長和轉變，並深化她一路累積過來的學習和經驗。

「我的想法是運用敘事治療法去製作一本相簿，一方面對她來說是一個階段的總結和紀念，另一方面可以協助她鞏固在家舍學會的正確價值觀。」

敘事治療法相信人的一生由很多不同的故事組成（multistoried），豐富而厚實。然而對很多像阿姍一樣的弱勢年輕人來說，他們活過的經驗（lived experience）早被主流社會定型為乏善可陳，是一個單薄兼充斥著家庭和教育問題的生命故事。

敘事治療就是一個重寫生命故事的過程，協助當事人回溯過往經驗，「看見之前所看不到的，聽見之前所聽不到的」，從固有看法中解放出來，從而建構一個嶄新的、豐富的生命主題和故事。

對阿姍來說，生活未必盡如人意，但美麗的經歷卻有不少。

剛進兒童之家時和一位兒時玩伴重逢，令她在陌生的環境中不再感到孤單；升上中一後功課艱深難懂，但家舍有位 miss 吳不厭其

煩地陪伴她溫習，閒時更教她製作甜品；喜歡音樂的她又遇上一位彈古箏的老師，這位老師在電視上的文化節目中表演，啟發了她學音樂的夢想；離開家舍前的最後一個暑假，一班同學去南丫島宿營，大伙兒夜探島上一個神秘的洞穴，阿姍心驚膽戰之餘亦感受到同伴之間那份彼此依靠的情誼和溫暖⋯⋯

這些回憶點滴在心頭，在逆境中為阿姍注入勇氣和力量，讓她咬緊牙關堅持下去。為自己努力上進，並為他人的良善而感恩，是阿姍生命中的新主題。

現在阿姍從事飲食業，需長時間站立工作，坦言覺得工作很辛苦。母親因為心疼女兒，曾叫阿姍不如靠綜援過活。「返工返了幾天已想放棄，覺得好劫。但有時想起一些人，一些令自己開心的人，他們在紀念冊寫上如『加油』等字句，便繼續做下去。」說罷不擅辭令的阿姍腼腆地笑笑。

有時放工後，阿姍會陪母親到街市買餸，然後回家煮飯。都是在家舍學會的烹飪絕技，現在有機會大派用場。薯仔炆雞翼、老少平安和菜脯炒蛋都是她的招牌小菜。阿姍笑說，「我開心時就落多少少糖，不開心時就落多少少鹽。」

閒時兩母女喜歡結伴去唱卡啦OK。「阿媽唱梅艷芳、張國榮，我就唱吳若希和許廷鏗。」有時阿姍獨個兒留在家中練習古箏，每當彈奏生日歌時，她的寵物小狗便快樂地在她腳邊蹦蹦跳。

日子也許總是苦樂參半，但簡姑娘相信阿姍生命故事的豐足，

已足夠她在往後的日子走過一關又一關。「她對每一個在她身邊出現的人也好有感情。每當她想放棄時,一想到喜歡的導師、社工和朋友,便會繼續堅持下去。」簡姑娘說。

「這是她表達感恩的直接方法。」

第十一章 **信任**

建立信任，受傷難免

社工是專業，專業最怕失誤。個案工作，一子錯滿盤皆落索。同工責怪之餘，自己亦心中有愧：是自己太固執做錯決定？還是缺乏經驗所以誤判形勢？

然而太執著要萬無一失，風險管理做得太完美，短期客觀效果是能避免「爆 case」，但長遠而言，對孩子成長是否有裨益呢？

孩子學步，跌倒難免；和人建立真正的互信，去愛人和被愛，同樣需要付出，需要冒險，過程不但漫長，而且受傷難免。

人與人之間的交往，包括社工和孩子的關係，從來都是一個雙向的過程。

紀律關愛，相輔相成

「就是沒有其他更好的方法了！」

準備升讀香港專業教育學院的光仔彬彬有禮，架著黑框眼鏡的

他甚至很「文青」，眼神充滿少年人的果敢和稚氣。他心願是有天回馬可紀念之家當社工，服務有需要的年輕人。

實在難以想像眼前的光仔，幾年前是一個終日遊走在犯罪邊緣的憤怒少年。

「我在這裡經歷了很多，」光仔認真地說，「這些經歷令我明白，要用愛心去感化一個人，要用好長時間，而且過程好辛苦。但這亦是最有效的方法。」

十八歲的光仔成長於單親家庭，本來和母親以及比他年長兩歲的家姐同住，父親是名獨居的失明人士。五年前，母親抑鬱症病發，少年人在社署安排下入住緊急院舍，之後輾轉來到馬可。

「我告訴自己，要永遠記住〔入住宿舍〕那一天，二零一二年三月十二日，當時我十三歲。」光仔坦言當時覺得世界一片黑暗，「自己本來的家沒有了，宿舍裡亦沒有信任我的人。」

慣了自由自在「無王管」的光仔來到宿舍，心中的厭惡可想而知。以前愛和一班童黨朋友在街上「煲煙吹水」至夜深，宿舍卻要求他嚴守紀律，年少的光仔覺得自由被剝奪，反叛之心油然而生。

「當時覺得反正自己做任何事情都不會得到導師的信任，而社工亦不過是想限制我的自由，那麼我為什麼要乖乖聽話？」

關偉明是馬可的資深社工，當年親自接待光仔入宿。回想幾年前同工和光仔鬥智鬥力的日子，他形容是一場「困獸鬥」。「有時我

們要擔起一個很不討好的角色去幫助年輕人。」

關 sir 強調，紀律一定要嚴格執行，因為要年輕人學習為自己的行為負責任。「紀律和關愛是相輔相成的。前者是要求他做到某些行為，後者是處理他的情緒。」

當時光仔正值青春期，活潑好動的性格，加上缺乏原生家庭的關顧，令朋輩在他心中的地位舉足輕重。然而當時他的朋友多數有黑社會背景，光仔和他們過從甚密，令馬可的社工擔心不已。

某年農曆新年假期前，還是初中生的光仔應朋友之邀，晚上出席某「社團」的團年飯局，地點是觀塘區某大排檔。光仔和幾個黃毛小子共坐一席，另一桌是一班年紀稍大的「大佬」，之後還陸陸續續來了很多「江湖前輩」。

酒席熱鬧非常，飲飽食醉後每人更獲「大佬」獎賞利是一封。紙醉金迷的江湖生活，如電影般豪邁的場面，令光仔熱血沸騰。他醉醺醺回到宿舍時已是夜深，第二天才知道自己闖了禍。

經驗豐富的關 sir 心裡清楚，光仔已是一隻腳踏進黑幫的門檻，再行多一步便是萬丈深淵。免費吃喝，又收了錢，以後人家要你幫忙，如何推搪？「這是黑社會在『收靚』了。」

他表示，當時要「搶時間」，希望在「出事前」爭取機會，影響年輕人的想法和行為，而手法必需軟硬兼施。首先是取消光仔的外出假期，每天由社工接送他上學放學，同時安排他整個農曆新年假期留

在宿舍，目的是要杜絕他和黑幫成員接觸的機會。

之後導師和他「傾偈」，慢慢協助年輕人發掘他內心的真正需要。原來光仔答應了母親，會跟她和家姐放假時返大陸，現在一家人旅行的計劃泡湯了，他心中懊悔不已。

光仔回憶道，「我入住宿舍後大半年也未見過媽咪，有次社工帶她來探我，我開心得不得了。想不到和她的關係才剛剛好轉，自己又做出這些行為，又令她失望了⋯⋯」

珍惜別人對自己的信任，過負責任的人生

很多年輕人被挑釁或發脾氣時狂暴如綠巨人，其實內心脆弱單純，渴望的不過是被重視和信任。「光仔是有點脾氣，但人本身比較善良，亦相對感性。」關 sir 分析，「他見人家對他好，他亦會對人好。」

光仔闖的另一次禍，成為他和宿舍同工關係的轉捩點。某年中秋節，他向宿舍一位叫黎 sir 的新導師申請外出，訛稱跟朋友返教會。即使當時舍內很多較資深的同工都認為他不可信，黎 sir 還是力排眾議，選擇信任年輕人。

結果是光仔跟朋友玩通頂，徹夜未歸，回來後還要惡人先告狀，指自己早獲導師批准。關 sir 回憶：「之後光仔受罰，黎 sir 亦為此自責不已。」

事隔數月，某天光仔路過黎 sir 的休息室，從半掩的門縫間，他瞥見床前貼著一張便條，是自己闖禍當晚宿舍保安寫給黎 sir 的，內容大概是「光仔整晚未歸，著同工注意和處理」云云。

光仔問黎 sir，怎麼還留著這樣的一張紙條？

黎 sir 支吾以對，半罵半笑的將他打發過去。但那一刻，光仔感受到導師內心的難堪：原來自己一些不負責任的行為，是曾令無條件地信任自己的導師多麼失望和難過。他撫心自問：整天只想著要擺脫束縛的他，又何嘗珍惜過別人的信任？

人很奇妙，有了信任後，很多矛盾自然而然迎刃而解。加上當時宿舍有個叫何師傅的維修員兼司機，跟光仔特別談得來。年輕人不時受罰，假期被禁止外出，何師傅便找他幫忙鬆漆幹活，令他感到被重視和認同；星期日何師傅更帶光仔返教會，擴闊他的生活圈子，讓他認識更多不同類型的朋友。

何師傅的休息室門前，是光仔最感溫暖的角落。「何師傅打開門，而我就這樣坐在地上跟他談天。」即使何師傅已離職，人去樓空，光仔仍對這名「忘年知己」感念不已。

現在光仔逢星期日也會返教會崇拜。他說以前每次外出，自己也會借機找朋友玩樂，直至某個星期天，當他步出宿舍大閘走到街上時，發現自己是如此的心無旁騖、一心一意地要返教會時，「我知道自己和以前不同了。」

「轉眼間已是大哥哥了……」

剛過去的結業禮，光仔在宿舍一人一票的選舉中，高票當選禮貌大使和友誼大使，亦獲頒行為進步獎。昔日一副囂張的反叛嘴臉，換上一副憨厚的少年模樣，很多同工也嘖嘖稱奇。

「有同工跟我說，光仔真的長大了很多，會幫忙照顧年紀小的宿生，又能控制自己的情緒，是大哥哥了。」關 sir 想起剛來宿舍時那個桀驁不馴的光仔，恍然如昨。

時間如細沙從指縫間流走，然而累積沉澱在年輕人心上的，是美善的種子，以及對人的信任。

「轉眼間他已十八歲了！」關 sir 說年輕人成年後一個一個的離開宿舍，以後的路，就要靠他們自己走下去了。「原生家庭的不足，使光仔的成長路是那麼的崎嶇不平。期望他繼續努力，追尋自己的理想。」

第十二章 ： **功夫熊貓的太極人生**

十七歲的大叔

現實中十七歲的寶叔當然不是動畫《功夫熊貓》裡的神龍大俠，亦不是大叔一名。他的綽號源自一張圓鼓鼓的臉和碩大如灰熊的趣緻外形，以及經常一副老成持重的「阿叔」模樣。

「中三時參加學校的宗教營，同班的組員見我身形龐大，又識少少功夫，當時流行動畫《功夫熊貓》，於是大家戲稱我『阿寶』。」說起自己的外號，本來一臉嚴肅的寶叔亦難掩笑意。

「另外有次探訪活動，有個獨居長者把我誤認作教會一名年長牧者，於是大家又開始叫我『阿叔』。」順口叫著叫著，結果兩個「花名」合二為一，寶叔之名便不脛而走了。

人生如戲，這位連續兩年蟬聯荷蘭宿舍最佳宿生的年輕人，在成為品學兼優的寶叔前，也和功夫熊貓一樣，有過一段「尋找自我」的艱苦經歷，以及和家人的生離死別。

念念不忘，在耳邊迴響的，是父親臨終前的叮囑；放眼未來，

一心飄洋過海追尋的，是行醫濟世的理想。以下，是寶叔的故事。

把功夫融入日常生活中

寶叔剛入住荷蘭宿舍時，是個剛升上初中的小伙子；他的聾，源自孤獨的童年。

有輕度智力障礙的母親長居大陸，父親亦因工作忙碌而甚少與孩子交流，成長中的阿寶一直感受不到關愛，性格漸漸變得壓抑深沉。最後因為在家中偷竊，兩父子先口角繼而動武，輾轉下法庭命令阿寶接受宿舍服務。

「剛入宿時他的性格是比較內向一點，不擅表達自己之餘亦不大信任人。」社工陳啟邦回憶說，當時寶叔的父親中風入院，監護人是家中一位遠親姨姨，年輕人心情之孤單可想而知。「年輕人並不反叛，只是在家裡一直缺乏照顧。」

根據馬思洛（Maslow）的需求層次理論，「個人的絕大多數慾望和衝動是相互關聯的。」寶叔自少缺乏家人愛護，結果為了博取父親注意而偷錢。寶叔承認，初時自己的情緒確是比較壓抑，而且非常固執。他說，「這方面我和父親很相似，都是硬頸的人，結果經常硬碰硬。」

命運是對手，總有奇妙的牽引。某天寶叔獨個兒逛書店，在體育專櫃前被一堆關於中國功夫的書籍吸引住了。

「能強身健體也不錯呀！」於是他隨手買下一些拳譜，之後又上網查找資料，發現武術的世界原來是如此的浩瀚奇妙，令人樂而忘返。

到了中四時，不滿足於耍兩下子拳腳功夫的寶叔索性拜師修學八段錦，發現真正的武藝原來不在乎形式之花巧，而講求個人意志和修養。

一講到功夫，寶叔彷彿大師傅上身，沉穩的腔調配合炯炯有神的圓目，令人想起《射鵰英雄傳》中的郭靖。

「功夫其實可以融入日常生活當中。」寶叔解釋道，「像太極拳的『圓』，如果應用到做人處事，就是跟人交往或做事要圓滑，在不得失他人的情況下又能做到自己想做的事。」

陳 sir 大力鼓勵寶叔發展他的興趣，並協助他發掘與此有關的種種出路，譬如中醫術。根據卡爾．羅哲斯（Carl Rogers）的自我實現理論，一個人如生活在良好的環境裡並能自由地發展，他將培養出健康且成熟的自我。

「因此如果年輕人有著不愉快的過去，我會引導他們多談一些關於現在的事情和對未來的想法，好讓他們感受到改變的希望。」

「不愉快的過去」只會強化人的無助感，而引導年輕人聚焦現在和未來，鼓勵他們探索不同的教育、培訓和就業機會，能有效提升他們的自尊感，對將來重燃希望。

果然，本來生活如一池死水的寶叔，透過學習功夫，人漸漸活潑起來，不但開始參加宿舍活動，更因為其圓滑的待人接物技巧，成為宿舍導師和一眾宿生之間的溝通橋樑。

陳 sir 說：「我們每個家舍大約有二十人。他會擔當一個類似領袖的角色，幫助一些年紀較小宿生適應家舍生活，並向我們反映一眾『小弟弟』的意見。有時我們在家舍要落實一些措施，為了平衡大家的想法，也會問寶叔意見。」

作為舍內的「大哥哥」，周旋於眾多宿生之間，有時難免成為磨心。面對衝突，寶叔在不斷的學習中逐漸摸索出一套四兩撥千斤的應對方法。

他以武術招式為例，太極拳中的「手揮琵琶」，是擒拿手的防守動作。透過不斷演練，寶叔悟出處世之道。「這是一個防守的樁，而只要打好自己的樁，便能化解人家的進攻，甚至反制對手。」

「原來我們只要做好自己的本分，便不用擔心生命中的很多突發事情。」

莫忘本心，他朝行醫濟世

人的際遇陰晴不定。抬頭本來是陽光燦爛，下一秒可能已是烏雲蓋頂。二零一五年，寶叔的父親在醫院病危，當時他正值期末考試，回到宿舍後收到醫院的電話，護士告訴他「父親差不多是時候要走了」。

　　晴天霹靂的寶叔趕到醫院時，父親仍在世。平素不會向家人表達感情的他，俯伏在父親病榻前，有一句沒一句的說起話來，彷彿要將積壓心中多年的感受，柔化成聲聲細語，是最後的告別，亦是永恆的叮嚀。

　　「我們講了好多話⋯⋯父親臨終前，我應承他，要成為一位中醫。」寶叔堅定地說，「同時我向自己許下承諾，他朝行醫辦診所，逢星期一至六做普通門診，而星期日就要做義診，回饋社會和幫助有需要的人。」

　　準備考 DSE 的寶叔，計劃之後到台灣升學，修讀中醫課程。住宿舍多年，見盡不同性格的宿生成長，然後各有際遇和出路，寶叔知道人生是場無止境的試煉，往後在異鄉留學的日子，只能憑一口氣咬緊牙關闖下去。

　　最重要是莫忘本心，「不要讓自己活在別人或自己的標籤下」，他強調。

　　「過去的日子，經常聽到人說『荷蘭宿舍啲仔怎樣怎樣』。原來因為你的身份或與別不同的經歷，社會人士會在你身上貼上很多標籤，甚至到最後連自己也會信以為真。」

　　「我的學習是，不用在意那些標籤，因為生命是自己活出來的，而非展示給人看的。」

　　寶叔心裡相信，天上的父親會一直看顧他，亦會為他的努力而

高興。「我知道爸爸是開心的，因為他的兒子已長大了，懂得做人處事，不再是一個橫衝直撞的人。」

自處、相處、共處

電影《功夫熊貓3》中，功夫大師對徒弟阿寶說，孩子如果你只是繼續安於現狀，你便永遠不能超越自己了。

熊貓阿寶不明白，「可是我就是喜歡現在的自己呀……」

大師一言驚醒夢中人：「你根本不知道自己是誰！」

寶叔笑言初來宿舍時自己是白紙一張，喻意不是純潔無瑕，而是個性頑固兼拒人於千里之外。「白是不吸光的顏色，會將所有顏色反射開去。」

現在他以黑色形容自己，「因為黑是吸光的，會吸納所有顏色」，然後自成浩瀚的宇宙。

「我現在會接納不同性格的人和不同的處事手法。這是我在宿舍練就的本領。」

如何自處，再與身邊的導師、社工和同學相處，最後在社區和各式各樣的人共處，寶叔知道這會是他一生的功課。

第十三章 ⋮ **一個人住**

伴隨著自由的孤獨

搬離荷蘭宿舍後，頭幾個晚上阿和總是渾身不自在。「一到晚上十點左右，家裡變得好靜好靜，甚至可以聽到屋內不知什麼電器傳來嗡嗡聲。」

由十二歲開始，阿和一直在不同群體中生活。先是寄養家庭，然後是宿舍，在不間斷的熱鬧和漂泊中成長。上年他年滿廿一歲，獲社署安排「上樓」，第一次一個人住。

「一個人『靜英英』很難過，要扭開電視機，有點聲音才能慢慢入睡。」

阿和的人生正邁向新的階段：找到一份維修員的工作，作息時間穩定（每周五天工作，朝八晚四），閒時躲在家中上網或彈結他，有時和朋友到健身房鍛鍊身體，生活也算自由寫意。

然而伴隨著自由的，是揮之不去的不安全感。「我很珍惜以前和父母一起生活的回憶，那是我最想回去的時光。」

然而過去已是回不去了。年輕人心裡問,何時才有一個真真正正屬於自己的家呢?

在熱鬧和漂泊中成長

阿和十二歲那年,父親因胰臟癌離世,家便散了。「爸爸過世後好幾個鐘頭,時間好像凝住了。也許是我哭得太厲害了,當時腦海一片空白。」

清醒過來時,阿和已身處醫院的兒童病房。之後接連幾天,他像被抽掉靈魂的木偶,獨個兒呆坐在電視機前,從早到晚不言不語,連飯也吃不下。「自己當時好灰。爸爸是家庭支柱,沒有他,以後的日子怎麼過?」

母親因為精神病發需長期留院,阿和唯有入住不同寄養家庭,其中一個叫鄭太的姨姨更照顧了他好幾年。「有差不多五年時間是她在我身邊,教導我和照顧我。」

鄭太了解阿和的背景,深知孩子總有一天要自立生活,於是特意訓練他,要求他生活要有紀律,如早上起床要摺被,早晚要擦牙洗臉等。

阿和說,最難忘是鄭太由粉嶺的住所,每個月不厭其煩,長途跋涉地帶他到葵涌醫院探望母親。

斑駁的回憶有以下閃亮的一幕:阿和一個人百無聊賴地在探訪

室門外等著，房內鄭太跟母親喋喋不休，年輕人心裡好奇，「佢地講緊咩？」是在分享自己生活的點滴？還是母親付託姨姨好好看顧我？看著望著，眼眶總是不自覺地紅了。

「總之，在我心目中，她們兩個都是我的母親。」

寄養姨姨的陪伴，彌補了雙親不在身邊的孤苦。就這樣，阿和平靜地渡過了他的童年。

十八歲那年，阿和離開鄭太，入住荷蘭宿舍。相比寄養家庭，宿舍人多活動豐富。而且宿生都是精力過盛的年輕人，即使過去波折重重，前路一片迷濛，眼下日子還是過得很熱鬧。

舍內每個房間住四個年輕人，嬉笑打鬧間大家很快便熟絡了。阿和笑言，「只要有人就永遠有嘢玩」；可以是半夜敷上面膜扮鬼嚇人，或下午肚餓一班人躲在房裡打邊爐，甚至是在廁所玩水，回憶中點滴也是趣味。

阿和自言喜歡群體生活。宿舍內他算是「大哥哥」，新的身份加快他的成長步伐，學會不再只憑個人喜惡而隨意行動。

「剛來宿舍時經常跟社工唱反調、『搞對抗』……但漸漸學識以大局為重。如有時阿 sir 建議一些周末活動如行山遠足等，我即使想留在宿舍休息打機，也會主動參加。始終那些年紀小的見我不參加，也會有樣學樣，我不想這樣。」

時間有雙不住跑動的腳，倏忽間阿和已滿廿一歲，到了必需離

開宿舍、自立過活的年紀了。

「原來買餸好辛苦！」

要離開宿舍一班老友，阿和直言「好唔捨得」，心中亦有很多說不出的憂慮。「以前宿舍有阿 sir，有個依靠，以及一大班朋友。現在什麼也要靠自己了。」

近年香港學生輔助會開設離院支援服務，作為宿舍服務的延伸，服務包括家庭、工作、財政、社交和生活等多個不同範疇，為離院的年輕人提供支援，協助他們和現實生活接軌。

林凱雯姑娘是離院支援服務的負責社工，每年協助約三十多名年輕人適應新生活。那些年輕人的原生家庭可能已是支離破碎，離舍後要一手建立屬於自己的安樂窩，可謂挑戰重重。

林姑娘表示，「很多一直接受住宿服務的年輕人未必懂得照顧自己，始終他們在成長中缺少類似的經驗和學習。」

阿和是林姑娘入職後第一個個案。他當時剛獲派公屋單位，手上亦有一筆儲蓄，興奮之餘，對如何佈置新居及展開新生活，卻是一頭霧水。林姑娘決定以經驗學習法作為介入基礎。

「經驗學習法的元素主要有四項，包括具體經驗（concrete experience）、觀察及反省（observation and reflection）、總結經驗（forming abstract concepts）及實踐應用（testing in new situations）。」林姑娘解釋。

「一切學習以經驗為起點，過程中透過分享和反省，深入處理和轉化經驗，成為一次有個人意義的信息，並藉著實踐而驗證它的真確性，繼而進入另一個經驗，帶來另一次的學習循環。」

以教導阿和清潔家居為例，林姑娘先跟阿和一起揀選和購買清潔用品，然後去他新居落手落腳清潔。過程中阿和除了學習清潔技巧和執拾家居外，還需不斷給予意見，然後一步一步去實踐、嘗試。過程中有順利亦有挫折的時候，面對挑戰時，他和林姑娘一起檢討，然後重頭來過。

林姑娘相信，所謂青年工作，關鍵在於結合學習經驗的「身體力行」。「推動年輕人成為肯投入和負責任的參與者，然後一起面對和學習處理現實中的困難，是非常重要的。」

過程很累很辛苦，但當阿和觀察到自己家中環境在清潔後變得更乾淨和舒適時，他便更有動力學習。

如以前在宿舍「飯來張口」，三餐也有職員安排，阿和便跟宿舍的同工學習買餸煮飯。第一次按社工指示到街市買餸，阿和一買就是三小時。

「原來買餸好辛苦，既要構思菜式，又要比較哪些食材新鮮便宜。」他想起母親和鄭太，覺得她們天天煮飯實在不可思議。「母親們真的很厲害，原來要煮一餐餸要花那麼多心機和時間。」

阿和離舍後，林姑娘一直跟他保持電話聯繫，偶爾會家訪或約他吃飯。阿和笑言，平時懶得執屋的他，一聽到林姑娘要家訪，便臨急抱佛腳，匆匆打掃一番。

林姑娘表示，「由被照顧的身份，變成獨立生活的成年人，當中有很多適應。經驗學習法的過程，有機會是一蹴而就，但亦有可能是反覆地失敗。然而阿和透過不斷反思，總結每次不同的經驗，然後再去實踐，其實每次都是邁向成功的一大步。」

長征的第一步

阿和的理想是成為警察。早前他投考警隊並未成功，日後還會繼續嘗試。「我始終相信這是一份有價值、為市民服務的工作。」

阿和說當警察勝在收入穩定，亦有很多發展和晉升機會。阿和答應自己，要先找到理想的職業才會拍拖，即使他心中已有喜歡的女孩子。

「始終我跟其他人不同，家裡只有我一個人。很多朋友也有拍拖，但他們家中有父母，衣食住行也不用太擔心。」阿和輕聲說，「家人像你背後的盾，如果有人支持，面對問題時，就不用一個人承受所有打擊。」

成家路漫漫，但阿和已跨出了長征的第一步。

離院支援：從院舍到社區的橋樑

問：離院支援服務的定位和內容是什麼？

答 (林姑娘)：在我看來，離院支援是宿舍服務不可分割的一部分。主要內容有五部分，包括家庭、工作和學業、金錢管理、支援網絡和自我照顧，跟進期為半年。但其實早在年輕人離舍前的六個月我們已開始介入，如同事會先跟他們做類似生涯規劃的練習，年輕人離舍後再由我接手跟進，協助他們實踐和調整計劃。

始終每個年輕人也有離開宿舍的一天，屆時身心也會面對很大的挑戰和轉變。要將在宿舍學到的生活和人際技巧應用到日常生活中，過程一定有「甩轆」的情況，需要人陪伴和提點。然而每個年輕人的生命也是獨特的，而正因為他們有不同需要，我們很難將一套標準的介入模式套在所有人身上。

可以說，每位宿生的離院支援也是為他度身訂做的，目的是透過他離開前的半年和之後六個月的跟進，協助他由宿舍過渡到社區生活。

問：年輕人離開院舍重回社區生活，一般會遇到哪些問題？

答：首先是家庭，因為有一半以上的宿生離舍後，都會嘗試重返原生家庭生活。問題是，當初很多個案正正是因為家庭出現

問題才入住宿舍的。雖然他們在宿舍學會了一些有效的溝通方法，但很多時家人卻未必有太大改變，結果雙方相處下來，衝突還是少不免。這時我會扮演協調者的角色，先聆聽年輕人的一些想法或不滿，然後再跟家長溝通。

另外就是工作和學業方面。很多宿生離舍時正是他們畢業的日子，身份由學生轉做職青，當中有好多掙扎和需要適應的地方。要繼續升學還是求職呢？如果是後者，哪類型的工作適合自己呢？面試有哪些技巧呢？如何跟同事相處呢？有些年輕人是一個人搬出去住，面對困難時，既沒有傾訴對象，亦沒有家人可給予意見，結果是獨個兒在苦惱。

就阿和的情況，我會盡量提供資訊，或安排實習機會予他們嘗試，然後一起回顧和檢討，討論那份工作有哪些適合不適合他們的地方。有時他們被上司責罵或被同事欺負，我亦會提供情緒支援，協助他們適應。

問：跟進期半年不會太短嗎？始終要適應的東西有很多。

答：我們的目標是要年輕人自立生活。只安排半年的跟進期，是想年輕人在離舍初期有人「傍下佢」，但不希望他們長期依賴。

作為社工，我們是支援網絡的一部分，但我們亦期望年輕人可以發展出更長遠的社區和人際支援。其中一個我們經常運

用和協助年輕人連繫的支援網絡是教會。另外還有一些非政府的社福機構。如之前有位離舍的年輕人，是「有限智力」的個案，理財方面很混亂，他的母親是精神病患者。我們便協助他聯繫社區中一些非政府組織，好讓他整個家庭有更多的支援和跟進。

問：最後，就年輕人的院舍服務，有沒有其他補充？

答：有時朋友會問我：「你哋啲仔係咪好曳？」其實我們宿舍的孩子是好單純、好善良的。的確他們是有問題，但多數都是一些家庭問題。而家庭問題，不會是孩子單方面創造出來的，當中成因一定是雙向的，甚至是多方面的。而隨著孩子不斷成長和學習，很多問題最終是可以化解的。

採訪後記

採訪／責任編輯：劉頡偉 @soulgood

鬧市中抬頭望天，光害令天空長期呈現一片污濁的灰和黑。但星星，其實一直都在。

都說孩子是星星，每顆都是獨特耀目的。地上你不會找到兩個一模一樣的孩子，一如天上你不會發現兩顆一模一樣的星星。年輕時到郊外觀星，每顆一閃一閃的彷彿都在笑，看著心中豁然開朗。

天天置身孩子當中的人，不論是家長、老師還是社工，看著一張張笑臉，必有同感。

然而種種家庭問題、教育制度的缺失以及生活習慣的改變，磨蝕了人的耐性，亦埋葬了孩子的笑容。能健康、安全、快樂、無憂無慮地成長，在今時今日的香港，不是必然的。如何協助孩子重現光芒，是這本小書的主題。

全書分為入住篇、成長篇和回家篇三部分：

入住篇：心理受創或有特殊需要的孩子，長年在家中或學校承受著壓力和挫敗。如何讓弱勢的小朋友重新活得像個孩子？改變，由聆聽他們的心事開始。

成長篇：成長從來不易，但年輕人總能找到心內那條鑰

匙，開啟通向美好的大門。辛苦得來的信心和信念，只要抓緊不放手，誰說皺了的紙不能摺成飛機，在天際翱翔？

回家篇：在孩子眼中，助人專業者就是愛惜他們的姑娘和阿蛇。如何將純粹的愛心和專業的介入共治一爐，並使萬物互相為孩子效力，既是社會科學，也是做人的藝術。

感謝每位孩子、年輕人和社工，你們的分享，令我每夜抬頭也看見星滿天。

鳴 謝

故事主角及其同行者：

楠楠、方麗鴻

阿 Ken、麥珮汶

輝輝、徐燕怡

遜仔、阿姍、簡詠妍

阿希、袁靈音

絲絲、張珮怡

小男、陳虹秀

Andrew、伍太、黃希蔚

小天、楊紹華

光仔、關偉明

寶叔、陳啟邦

阿和、林凱雯

繪畫作品：

筠琇　　　銘諾

盈芳　　　Parco

欣欣　　　Anson

晴晴　　　君

恩　　　　愛麗絲

捐款表格

本人 / 機構樂意捐款支持香港學生輔助會的服務。

❏ $5000　　❏ $3000　　❏ $1000　　❏ $500　　❏ 其他（請註明 ＿＿＿）

捐款方法

❏ 劃線支票（支票抬頭「香港學生輔助會有限公司」）

❏ 直接捐款入本會匯豐銀行戶口 848-067567-838，並將存根與本表格一併
　寄回：九龍觀塘道 485 號地下，香港學生輔助會有限公司收

❏ 透過本會網頁 www.hksas.org.hk 辦理網上捐款

❏ OK 便利店 / VanGO 便利店現金捐款
　請攜本會捐款條碼到任何一間 OK 或 VanGO 便利店捐款，並保留交易收
　據，連同本表格一併寄回本會

```
9999424000101000716
```

捐款者資料

捐款者姓名 / 機構名稱：＿＿＿＿＿＿＿＿＿＿＿＿＿＿＿＿＿＿＿

通訊地址：＿＿＿＿＿＿＿＿＿＿＿＿＿＿＿＿＿＿＿＿＿＿＿＿＿

電　　話：＿＿＿＿＿＿＿＿＿＿＿＿＿＿＿＿＿＿＿＿＿＿＿＿＿

電　　郵：＿＿＿＿＿＿＿＿＿＿＿＿＿＿＿＿＿＿＿＿＿＿＿＿＿

❏ 請寄回收據　　（捐款港幣 $100 或以上可申請扣稅）

❏ 不需要收據

備註：

1. 請在適當空格加上 ☑

2. 你的個人資料將用作寄發收據及日後傳遞本會資訊。查詢請電 2341 6249
　與本會聯絡

香港學生輔助會有限公司
The Hong Kong Student Aid Society Limited
地址：香港九龍觀塘道 485 號地下
　　　G/F, 485 Kwun Tong Road, Kowloon, Hong Kong
網址：www.hksas.org.hk

家外的家——十三位孩子回家的故事

編　　著	香港學生輔助會
採訪 / 責任編輯	劉頡偉 @soulgood
封面設計	飯氣攻心
封面圖片	shutterstock
出　　版	策馬文創有限公司
電　　話	(852) 9435 7207
傳　　真	(852) 3010 8434
電　　郵	ridingcc@gmail.com
出版日期	2017 年 11 月初版
發　　行	香港聯合書刊物流有限公司 香港新界大埔汀麗路 36 號中華商務印刷大廈 3 字樓
承　　印	陽光（彩美）印刷有限公司
國際書號	978-988-13348-5-5
圖書分類	社會工作